Super ET

Leonardo Caffo

La vita di ogni giorno

Cinque lezioni di filosofia per imparare a stare al mondo

Einaudi

www.einaudi.it

ISBN 978-88-06-23129-3

Ad Antonio Palumbo,
che mi ha insegnato a stare sempre dritto
con la schiena davanti a tutti,
e in ginocchio solo davanti a Dio.

La vita di ogni giorno

Bisogna essere responsabili. È tutta la vita che lo dico. Abbiamo l'obbligo morale di essere responsabili delle nostre azioni e anche delle nostre parole e perfino dei nostri silenzi, sí, dei nostri silenzi, perché anche i silenzi salgono al cielo e Dio li sente e solo Dio li comprende e giudica, per cui molta attenzione ai silenzi. Io sono responsabile di tutto. I miei silenzi sono immacolati.

ROBERTO BOLAÑO, *Notturno cileno*

Anche se il risultato della filosofia è semplice, non può esserlo il metodo per arrivarci. La complessità della filosofia non è quella della sua materia, ma del nostro intelletto annodato.

LUDWIG WITTGENSTEIN, *Osservazioni filosofiche*

Introduzione

Le premesse teoriche

> Sentire il mondo quale tutto limitato è il mistico.
>
> LUDWIG WITTGENSTEIN, *Tractatus logico-philosophicus*

In che modo, se ce n'è uno, un libro di filosofia può dire qualcosa di non retorico o teorico sul mondo? Qualcosa di autentico, che sia in grado di modificare il modo che abbiamo di vedere le cose?

Mentre scrivo siamo in guerra, una guerra reale, in cui da Parigi a Bruxelles l'Occidente crolla dopo aver fatto crollare l'Oriente dalla sua porta di ingresso principale: la Mezzaluna fertile. È il terzo principio della dinamica, alle azioni corrispondono sempre reazioni uguali e contrarie. In questo scenario devastante, che sembra solo l'inizio di qualcosa di piú complesso che porterà l'umanità a ridisegnare il proprio ruolo futuro, si alternano letture e interpretazioni del mondo. Affidiamo la comprensione dello stato di cose presente al giornalismo o alla politica.

Ma che ne è della filosofia? Perché i filosofi non si sforzano di usare i loro strumenti in un terreno fondamentale come quello che riguarda il nostro avvenire? Si crede erroneamente che la filosofia specialistica sia quella che si occupa della logica del secondo ordine o del noumeno in Kant. Se parli delle cose di ogni giorno, dicono, fai «divulgazione». Nulla di piú falso.

Solo la filosofia ha storicamente cambiato il mondo, e solo la filosofia può incaricarsi di ritentare l'impresa. Ecco dunque gli strumenti che servono: armi pacifiche di risoluzione del conflitto che siamo destinati a vivere non piú come enti passivi, ma come agenti attivi. Prima della religione e della politica, addirittura prima della guerra o della tolleranza, viene la filosofia. Se per suo tramite impariamo a stare al mondo, la realtà che osserviamo ogni giorno assumerà nuove forme e strutture, nuove relazioni.

Imparare a stare al mondo significa imparare a fare della vita, la nostra unica vita, un'occasione di felicità. Come e in che modo si eliminano i rimpianti? Perché «la risoluzione del problema della vita si scorge allo sparire di esso»[1]? La vita di Homo Sapiens è una vita che oscilla, come il celebre pendolo, tra la ricerca scientifica e quella piú genericamente concettuale. L'oscillazione, che non si ferma mai in nessuno dei due territori, è la filosofia.

Ho scelto di dividere l'orizzonte di senso della filosofia in cinque lezioni, ma gli argomenti trattati non hanno la pretesa di risolvere tutte le diverse ramificazioni del pensiero filosofico. Sono, per cosí dire, un inizio, un'introduzione a quel tipo di filosofia che fa uso di esempi, teorie e concetti che provengono dalla vita di ogni giorno.

Questo non è né un libro di filosofia della filosofia (la metafilosofia), né un libro di sociologia della filosofia[2]. Lo definirei piuttosto un libro di *alternativa filosofia*: la filosofia intesa come alternativa allo stato di cose maggioritario che le nostre vite e teorie affrontano.

Ciò che segue è il risultato di alcune lezioni che ho tenuto a Torino[3]. Fare un corso, e scrivere un libro, sono attività molto diverse, e queste pagine sono una specie di ibrido. Un libro parlato, potremmo dire, in cui è in una sorta di aula senza confini che dobbiamo immaginare di leggere. L'aula, ovviamente, è la vita.

Il tono, dove gli argomenti non si impennino per difficoltà, è rimasto il piú possibile colloquiale. Poiché sono convinto che la filosofia sia una scienza dell'uomo, per l'uomo[4], ho cercato di trattare i problemi in maniera tale che risultino comprensibili da tutti. Mi piace l'utilizzo strumentale del «tutti»: è un primo modo, a mio avviso, di riunificare l'umanità entro il piú vasto insieme di quelle che Wittgenstein avrebbe chiamato «forme di vita».

La nostra forma di vita è intimamente filosofica perché – questa la tesi che attraversa le lezioni – siamo biologicamente portati a considerare sempre e comunque le alternative rispetto a ciò che stiamo pensando o facendo. L'umano vive nell'altrove, moltiplica le sue esistenze attraverso l'immaginazione, si interroga su quanto avrebbe potuto fare e non ha fatto. Uscire da quella che Henry David Thoreau chiamava doppia posizione, in cui siamo in un luogo con il corpo e in un altro con lo spirito, è spesso doppiamente difficile.

Ogni giorno ci pone una serie di sfide filosofiche. Sfide che riguardano il miglior modo di comportarsi, il giusto linguaggio da utilizzare, la capacità di catalogare le cose che ci circondano o di stupirsi davanti a opere d'arte che suggeriscono qualcosa di ancora irrealizzato. In questo senso la filosofia è come la scienza.

Saperne di piú su «certe cose» migliora la nostra comprensione del mondo. Piú sono potenti i nostri concetti, piú potenti saranno le nostre intuizioni.

A questo punto vorrei fare una precisazione. Le cinque lezioni sono ascrivibili all'interno della «filosofia occidentale contemporanea» senza che mai questa venga considerata l'unica filosofia possibile. Wittgenstein, che piú degli altri ci guiderà nel sentiero che attraverseremo insieme, nelle *Ricerche filosofiche* diceva che non esiste un metodo della filosofia, ma solo metodi, che lui chiamava «differenti terapie». La terapia occidentale non deve essere considerata né unica, né in opposizione alla «filosofia orientale». Nonostante il mio continuo interesse per l'Oriente[5], gli argomenti trattati per scelta rimarranno all'interno del perimetro della filosofia europea e americana.

La filosofia che insegna a stare al mondo apre, spesso suo malgrado, al «mistico». Le cose che possiamo capire sono infinitamente inferiori a quelle che non possiamo capire. La tolleranza è racchiusa tutta qui. Il limite è la caratteristica intrinseca del pensiero, le strategie di superamento sono la filosofia del futuro. «Ciò che non possiamo pensare, non possiamo pensare»[6].

Che abbiano inizio le lezioni, «gli sbagli sono sempre iniziali»[7].

[1] L. Wittgenstein, *Tractatus*, 6.521, Einaudi, Torino 1964.

[2] Per un buon libro di metafilosofia, affinché la differenza sia chiara, cfr. R. Casati, *Prima lezione di filosofia*, Laterza, Roma-Bari 2011. Per la sociologia della filosofia, ovvero l'andamento storico e politico della filosofia contemporanea, consiglio sempre i testi di due autori italiani,

D. Marconi, *Il mestiere di pensare*, Einaudi, Torino 2014 e M. Ferraris, *Filosofia globalizzata*, a cura di L. Caffo, Mimesis, Milano-Udine 2013.

[3] I piú curiosi saltino ai ringraziamenti a fine libro.

[4] In questo testo farò uso della parola «uomo» nel senso di «umano». Nessun sessismo concettuale, ma solo un alleggerimento del linguaggio nel testo.

[5] Come si vedrà, nel libro farò dei confronti con la filosofia orientale. Sono grato alla Fondazione Giorgio Cini di Venezia per avermi ospitato piú volte durante la stesura di questo libro, permettendomi di accedere al «Fondo Tiziano Terzani» e, di conseguenza, ai numerosi libri sul pensiero filosofico e religioso orientale che ho utilizzato per questi riferimenti.

[6] L. Wittgenstein, *Tractatus*, 5.61.

[7] C. Pavese, *Il mestiere di vivere: diario 1935-1950*, Einaudi, Torino 2014, p. 48.

Etica

Cosa rende un comportamento qualcosa di buono?
Esiste oggettività nella valutazione dei comportamenti?
Possono etica e morale viaggiare su un unico binario?

Ero impantanato in un'eterna condizione di studente.
OLIVER SACKS, *In movimento*

Siete in macchina, fuori il sole è bello come non capitava da un po'. La strada che vi separa da un weekend con il vostro compagno, dopo una settimana di lavoro snervante, costeggia un lungo paesaggio di campagna. La musica che ascoltate, quel genere folk da viaggio all'americana, vi distrae dai cattivi pensieri che spesso vi incupiscono. Accelerate, e mentre il rombo del motore si mescola alla radio vi sentite bene. Con un po' di arroganza concettuale, pensate addirittura che la vostra sia una «bella giornata». Una di quelle che non capitano raramente, ma che di certo non sono la consuetudine.

Mentre cambiate la stazione della radio, dallo specchietto retrovisore vedete qualcuno cadere dalla moto. L'incidente non sembra grave, eppure capite che un ragazzo è in difficoltà. Steso a terra, sbraccia e sembra richiamare il vostro aiuto o, almeno, la vostra attenzione. Il tempo stringe e non ci sono altri automobilisti, il che vi consentirebbe anche di andare via senza essere giudicati da altri osservatori.

Nonostante ciò vi fermate, inserite la retro e cercate di capire cosa è successo. In quel cambio di marcia, in quello che sembrerebbe un passo indietro e che forse vi farà mancare all'appuntamento con il vostro compagno – o che quantomeno lo farà arrabbiare parecchio –, risiede un gesto immenso. Avete appena trasformato un comportamento qualunque in un'azione morale.

Ma cosa ha reso il vostro atteggiamento qualcosa di buono? E perché dovrebbe essere meglio fermarsi e aiutare il motociclista, piuttosto che godersi la propria meritata giornata piena di piccole felicità?

L'etica filosofica si occupa piú o meno di questo. Come e perché gli esseri umani valutano i comportamenti. Ma, soprattutto, perché un comportamento dovrebbe essere valutato[1].

In principio, secondo alcuni, era l'*Etica Nicomachea*, la piú nota e importante opera di Aristotele sulla morale, cosí chiamata perché, probabilmente, fu suo figlio Nicomaco a raccogliere e divulgare le lezioni tenute dal padre. Il limite della storia della filosofia, almeno per voi poveri automobilisti spensierati, è che vi spiega come e quando in molti hanno analizzato problemi simili al vostro. Eppure tutto ciò, spesso, sembra non interessarvi, o comunque non vi fornirà una buona scusa quando il vostro compagno vi raggiungerà all'ospedale dove, in una squallida sala d'aspetto, sedete in attesa che qualcuno vi aggiorni sulle condizioni del motociclista. (Immaginate di giustificarvi con il vostro caro in questo modo: «Ehi, scusa. Mi ha detto di fare cosí Aristotele!»)

Certo, potreste risolvere il problema senza filosofia, per esempio facendo ricorso al diritto. L'omissione di soccorso – ciò che avreste fatto lasciando il motociclista alla sua sorte – è sancita (se vi trovate in Italia) dall'articolo 593 del codice penale. Fermandovi a soccorrere il ragazzo, provate a spiegare, avete evitato pene e problemi non da poco con lo Stato. Anche in questo caso, tuttavia, non fornirete ragioni sufficienti in favore della «buona azione», quanto piuttosto un argomento indiretto a sostegno della vostra decisione di non lasciare morire il povero motociclista.

Le posizioni dell'etica contemporanea, cercando di risolvere casi come questo del motociclista, tendono a trascurare la realtà concreta a favore di un eccesso di teoria[2] e si concentrano esclusivamente sulla qualità dell'azione. Un'azione sarebbe etica solo se rispetta condizioni prestabilite all'interno di rigide griglie concettuali che non tengono conto della prassi reale. In pratica, costruiscono delle gabbie: l'azione può diventare tale solo se si hanno degli obiettivi astratti già fissati[3]. In questa lezione, tuttavia, un po' perché è già stato fatto altrove[4], un po' perché non mi sembra piú utile discutere di Peter Singer che parlarvi di Aristotele, vorrei fare altro. Senza giravolte intellettuali, vorrei provare a rispondere alle domande: perché agiamo come agiamo? Che cosa conduce voi, e milioni di altri esseri umani, a compiere azioni che mettono in discussione qualcosa di vostro per aiutare qualcun altro?

Innanzitutto è bene capire come gli esseri umani sono connessi fra di loro in modo radicale e strutturale. La forma monolitica dell'identità individuale a cui siamo abituati è un prodotto assai piú culturale che biologico – l'empatia, come qualità neurologica e psicologica, lega a doppio filo percezione ed emozioni. La realtà fisica non è l'unica a essere diversa da come ci appare. Anche la realtà sociale è un fenomeno che gode, a mio avviso, di tutt'altra struttura interna rispetto a quella che si manifesta in superficie[5].

Spesso ci stupiamo della molteplicità delle galassie, o delle assunzioni concettuali della meccanica quantistica che mettono in crisi la nostra ingenua immagine del mondo, e rimaniamo del tutto indifferenti all'incredibile ordine spontaneo dei comportamenti sociali della nostra specie. Sia chiaro, non ritengo di per sé piú affascinante il segreto di un buon matrimonio rispetto alla comprensione del bosone di Higgs, però mi stupisce vedere tanto incanto per qualcosa di cosí astratto, quando davanti a noi migliaia di individui si muovono con un certo ordine per le strade, soccorrono persone in difficoltà, curano, studiano, agiscono per l'altro o progettano strutture di cui usufruiranno soltanto le generazioni future[6]. Contro ogni aspettativa, lo scarso stupore è una chiave di lettura per capire cos'è l'etica. Se non ci stupiamo di fronte alla normalità della vita quotidiana c'è una ragione: agiamo come agiamo perché, semplicemente, non possiamo che agire come agiamo[7].

Anche la vita sociale, come la termodinamica, ha la sua entropia. Questo non significa, però, che siamo destinati a precipitare nel caos. Al contrario, ciò che caratterizza la nostra attitudine alla socialità è un disordine ordinato. Lo spazio di esistenza comune nel quale gli umani costruiscono i lori sogni e alimentano le loro speranze, vivono i loro amori e combattono le loro guerre piú efferate non conduce a un'umanità naturalmente buona, quanto a un'umanità naturalmente etica, la cui struttura è disegnata dall'empatia. La natura etica degli esseri umani va intesa in senso neutrale, perché bontà e cattiveria sono qualità secondarie. Il motivo per cui considero sbagliato l'argomento che attribuisce cattiveria a un leone che si ciba di una gazzella dopo averla uccisa in un bagno di sangue, mentre ritengo giusto l'argomento che attribuisce la stessa cattiveria a chi di voi avrà scelto di continuare il proprio viaggio ignorando il motociclista, sta tutto qui. È specifico della natura umana – quella che Ungaretti definirebbe la «nostra composizione spirituale» – un comportamento che si presta a essere valutato. Il fatto che l'umanità sia naturalmente etica non significa che possiamo fare tutto quello che vogliamo, abbandonandoci a un determinismo incondizionato. Il nostro comportamento, a differenza di quello del leone, è valutabile perché noi compiamo costantemente delle scelte.

La filosofia, quando è etica, si occupa di questo sistema di valutazione e il suo lavoro non è piú semplice di quello che svolge un fisico teorico o un chimico della materia.

Ora, per non dimenticare il motociclista, possiamo dire che dovreste fermarvi perché non vorreste subire, in una situazione analoga alla sua, un trattamento diverso. Oppure, possiamo dire che dovreste farlo perché il soccorso e il reciproco aiuto sono alla base della società civile e non vi sentireste mai di metterne in discussione i principî. In entrambi i casi, uno piú sensibile a un'etica di matrice cattolica (non fare ad altri ciò che non vuoi venga fatto a te), l'altro piú orientato a un laico contrattualismo contemporaneo, il motociclista sarebbe salvo. Ma tutto ciò si distanzierebbe cosí tanto dalla spiegazione indiretta che fa ricorso all'articolo 593 del codice penale? Poiché i fenomeni dell'etica sono meno spiegati dei fenomeni della fisica o della biologia, spesso tentiamo di far quadrare i conti sulle ragioni dei comportamenti appellandoci a tutta una serie di divinità laiche[8].

Eppure l'etica sembra davvero alla base di tutto. Da Aristotele a Heidegger, al contrario di ciò che molte storie della filosofia ci hanno trasmesso, l'inizio della riflessione filosofica è proprio l'etica (con la quale, non a caso, ho deciso di aprire queste lezioni).

Il motociclista giace a terra. Noi, dopo un istante di esitazione, inchiodiamo, inseriamo la retro e torniamo indietro. E appena cominciamo l'inversione di marcia iniziamo a capire che qualcosa rende «buono» il nostro comportamento. Qualcosa ci conduce verso di lui, anche se da una parte ci trasmette ansia e dall'altra ci ricorda tutti i doveri che disattenderemo a causa di questo imprevisto (doveri non giuridici o morali, ma affettivi: il compagno che ci aspetta).

Il «qualcosa che ci conduce verso lui» è l'essenza dell'etica, ovvero l'atteggiamento propositivo che l'etica deve tentare di descrivere. Infatti l'etica non deve analizzare i motivi per cui le cose dovrebbero andare in un determinato modo (ciò che fa, tecnicamente, l'etica prescrittiva), ma perché a un certo punto, molto prima che qualcuno ci spieghi il motivo, abbiamo adottato tale atteggiamento. Ognuno di noi, almeno una volta, ha provato questa spinta: quando ha portato un conoscente al pronto soccorso, quando ha salvato un cane abbandonato in autostrada, o quando ha aiutato una signora anziana ad attraversare una strada trafficata.

Filosofi e non filosofi sanno benissimo che il problema non è raccontare, a cose fatte, perché tutto ciò avviene o dovrebbe continuare ad avvenire, ma comprendere quali sono le condizioni di possibilità di tale avvenimento. Una spiegazione che dobbiamo cercare pur conoscendo tutte le eccezioni del caso, cioè tenendo conto di tutti quelli che torneranno indietro dal motociclista, gli ruberanno il portafoglio e lo lasceranno tramortito in preda al suo incerto destino[9].

L'etica è ciò su cui valutiamo le variazioni di status, le presunte anormalità che costituiscono l'asse portante di ricerche assai piú famose dell'etica stessa, come quelle di Oliver Sacks nei confronti delle anomalie neurologiche e psichiatriche[10].

L'etica è ciò che consente a tutti noi di sperare in una lunga vita, anziché desiderare la morte. Sentirsi parte di un comportamento comune e collettivo è l'essenza della vita umana su questo pianeta.

Sulla scia di quel pensiero vivente che comincia con l'*Etica* di Spinoza, la mia analisi precategoriale risiede nel nostro costituirci come un unico immenso organismo. Abbiamo davanti un mondo di fenomeni talmente complessi da far vacillare qualsiasi tentativo di descrivere l'origine dell'universo. Nel nostro cervello, cosí come esistono matrici genetiche che indirizzano il linguaggio entro certi princípî e parametri (lo vedremo meglio nella lezione sul linguaggio con Chomsky), ne esistono altre che orientano il comportamento etico verso determinate combinazioni di interazioni possibili con l'altro da sé[11]. Le nostre attitudini piú costitutive seguono un movimento che, schematizzando, tende dall'interno all'esterno. Tutto ciò che ci muove, lo fa e lo fa bene proprio perché c'è un esterno verso cui tendere. Questo esterno è costituito in larga misura dai nostri simili, dai quali impariamo a vivere per imitazione e insegnamento. Le azioni, come il linguaggio, prendono forma per analogia. L'empatia iscrive l'altro in noi. Tecnicamente, come si dice dopo la scoperta dei neuroni specchio[12], mappiamo l'esterno come interno. Prima viene il «noi», e solo dopo segue ciò che, con un po' di presunzione intellettuale e psicanalitica, chiamiamo «io».

Lo so. Qualche filosofo storcerà il naso. Ma esattamente come non osserviamo il comportamento di una particella a partire dalle sue ragioni, allo stesso modo non spiegherei i comportamenti di un soggetto a partire esclusivamente dalle sue intenzioni. Esiste qualcosa di precedente alle ragioni, un territorio non colonizzato dalla politica o dalla scienza che ci rende unici in due sensi: siamo diversi dagli altri esseri viventi e allo stesso tempo formiamo un unico immenso organismo, uno stormo umano.

In qualche modo l'etica si occupa del movimento «a gruppi» che soggiace alla formazione degli stormi. Gli uccelli in formazione sono uno degli spettacoli piú ipnotici e affascinanti che la natura possa regalarci. Migliaia di volatili della stessa specie che si uniscono e si muovono come in una sinfonia eseguita alla perfezione. Mi spiego meglio. Anche se è maldestramente diffusa l'opinione secondo cui ciò che conduce gli uccelli a creare movimenti organizzati in stormi sia la presenza di un «capo» all'interno del gruppo, le cose non stanno cosí. Nell'architettura dello stormo non c'è alcun controllo generalizzato, quale potrebbe essere quello indotto da un leader. Tutte le decisioni del gruppo (da un semplice cambio di direzione all'atterraggio) sono determinate collettivamente attraverso un meccanismo che amplifica la fluttuazione locale. In altre parole, ogni elemento dello stormo prende come riferimento l'elemento a lui piú vicino, cercando di allinearsi nella stessa direzione.

Da millenni l'etica cerca quel «capo» per spiegare il comportamento. Per questo sono fioccate teorie dello Stato demiurgico come quelle di Hobbes, molto discusse ancora oggi. Ma in realtà, il vero oggetto d'indagine dell'etica deve essere l'imitazione fiduciosa del compagno piú vicino all'interno dello stormo. Tra i corpi di questo universo vi è un continuo processo di interazione. Individuiamo il territorio disciplinare dell'etica dove l'intenzionalità partecipa al movimento interattivo dei corpi. Il paradosso dell'etica che segue questo indirizzo è che l'anarchia risulta un modello comportamentale e politico assai piú aderente alla realtà della democrazia. L'anarchia, cioè l'ordine che emerge spontaneamente da un meccanismo di selezione per tentativi ed errori, descrive la scienza e la filosofia in un modo ancora tutto da esplorare e comprendere.

L'etica come teoria dello stormo è il punto di partenza per costruire la vita politica e civile. L'essere umano vive e sopravvive perché ha fatto della fiducia un automatismo alla base della condivisione degli spazi sociali.

Siete al mare e, come il sottoscritto, soffrite di miopia e astigmatismo. Di certo non vi fate il bagno con gli occhiali e mentre abbandonate la stuoia con sopra portafoglio e cellulare dite al vostro sconosciuto vicino di spiaggia: «Darebbe un occhio alle mie cose mentre faccio il bagno?» Cos'è, questo comportamento, se non una teoria dello stormo mutuata nell'etica umana? Non avete nessuna buona ragione di pensare che lo sconosciuto vicino non scappi via con portafoglio e telefono, eppure vi affidate all'estraneo. È del tutto falso che, come voleva Wittgenstein, seguiamo una regola ciecamente. Siete ciechi al risultato e alle ragioni (e non a causa della miopia), ma non c'è nessuna regola che spieghi il vostro comportamento. Seguite, piú semplicemente, la direzione unica e incerta che ha scelto lo stormo umano di cui fate parte.

Da quanto vi sto raccontando non deriva alcuna deontologia, altrimenti saremmo davanti a quel meccanismo a ghigliottina che in filosofia chiamiamo «fallacia naturalistica» e che deve la sua formulazione piú precisa a Hume: non è possibile in alcun modo far derivare il dover essere dall'essere. E infatti l'etica, almeno a mio avviso, non ha come campo d'indagine il dovere, ma il *movimento in quanto movimento*[13]. Ancora una volta, quell'atteggiamento non proposizionale, ma dinamico, che è riassumibile nel teorema del motociclista da soccorrere, quel «qualcosa che ci conduce verso di lui». La domanda da porci per cogliere la radice etica del nostro comportamento non è «Perché *dobbiamo* tornare indietro?» ma «Perché *torniamo* indietro?» Tutto è movimento, recitano i codici piú antichi dell'induismo[14], dove, non a caso, la danza è vista come l'attività piú propizia per ricongiungersi con Dio.

«Qualcosa ci conduce verso di lui». Ma cosa? Cosa ci muove nel modo in cui ci muoviamo? Cosa muove chi, e chi muove cosa? È incredibile come le domande siano già cambiate rispetto a quelle di partenza. La filosofia è tutta qui, una riformulazione continua delle domande che ci ossessionano. La dinamica della vita che, ancora una volta, traccia paralleli inaspettati tra la fisica e la filosofia è l'essenza dell'etica. Il movimento dall'interno all'esterno è l'essenza della vita umana.

Bene e male – in questo non si può ignorare Nietzsche

– sono i poli di una dicotomia che bisogna superare, altrimenti ogni comportamento resterà ancorato a un meccanismo di premiazione o punizione. Mentre l'etica, se volessimo spingerci al di là del modo ordinario in cui ne comprendiamo i motivi, trascende la valutazione morale. Certo, etica e morale possono viaggiare su un unico binario. Pensiamo al soccorso del motociclista. L'aiuto disinteressato di un estraneo resta, senza dubbio, una «buona azione». E spesso basterebbe questo genere di azioni a rendere la politica qualcosa di migliore rispetto al caos che osserviamo ogni giorno. Ma il problema dell'etica sono le azioni stesse. Il movimento dei corpi come dinamica pura, perché «tutto fluisce e si trasforma per un fine, tutto fiorisce al momento giusto, ogni cosa ha il suo tempo»[15].

Non molto tempo fa sono stato a Napoli per dire la mia a un convegno di architettura. Finito l'intervento, dopo una cena a base di specialità locali, mi sono trascinato all'albergo in cui alloggiavo, per fortuna non molto distante dal dipartimento dell'Università Federico II. Volevo fare quattro passi per digerire, magari con l'aiuto di un gelato. Premetto che la mia famiglia materna è di Napoli, eppure non mi sono mai abituato al meraviglioso e caotico equilibrio in cui, ancora una volta, mi trovavo immerso. Centinaia di motorini guidati da centauri senza casco si destreggiavano nel traffico con una dimestichezza quasi artistica, mentre le auto sfrecciavano a una velocità assai superiore a quella consentita. Nel frattempo i pedoni, incuranti di tutto, attraversavano la strada, e la vita scorreva in un ordine che aveva la struttura del caso, della buona sorte, o della fiducia che tutto prenda il percorso che deve prendere.

Al contrario di molti che giudicheranno questa istantanea in modo negativo, io non posso che scorgervi l'applicazione piú potente ed efficace dell'etica come l'ho descritta. La vita umana, è inutile dirlo, deve migliorare. I disastri ecologici e gli stermini di massa sono solo alcuni esempi dei grandi ostacoli che dobbiamo superare. Eppure qualcosa muove tutti, tutti noi, in un ordine di mimesi e rispetto altrui. Non siamo in guerra, la guerra è un'eccezione. Viviamo immersi, invece, in una perenne collaborazione spontanea.

L'etica come scienza del movimento, ancor prima che del comportamento. Le principali voci enciclopediche sull'etica contemporanea oscillano, invece, tra le metaetiche e le assunzioni metafisiche di base: esiste un'etica realista, antirealista, relativista[16]? Dibattito ovviamente fondamentale, che ha le sue radici in Platone. Gli oggetti morali risiedono in un mondo ideale e le nostre azioni ne sono un'istanza specifica ma impura? Oppure non esiste nulla di oggettivo nella morale e dobbiamo attrezzare le nostre convenzioni di conseguenza?

Date le domande che ho posto all'inizio della lezione, molti di voi si saranno aspettati risposte di questa natura. Ma non è cosí. Credo, in questo caso in accordo con Wittgenstein, che «se un uomo potesse scrivere un libro di etica che fosse veramente un libro di etica, questo libro distruggerebbe, con un'esplosione, tutti gli altri libri del mondo»[17]. Non perché dell'etica non si possa parlare in linea di principio, ma perché l'etica come morale condanna a un dibattito tra posizioni diverse che sembrano contemporaneamente convincenti pur essendo in contraddizione tra loro. Sono queste le antinomie che regolano la nostra vita morale.

Ma se provassimo a interagire con il *prima* della morale? Quando lavoravo alla tesi di dottorato simpatizzavo con Platone, o meglio col platonismo contemporaneo. Ero convinto che l'empatia che tiene unito lo stormo umano fosse una sorta di recettore neurologico del mondo delle idee che ci trascende. Pensavo già di occuparmi di quel *prima*, ma mi sbagliavo. Il *prima* della morale è l'etica come movimento puro. Se l'entropia è regolata, lo sarà anche la vita comune.

L'idea di matematizzare ogni forma della natura è alla base della cultura occidentale, specie di quella filosofica. Se vi avessi parlato di etica orientale le cose sarebbero andate in modo profondamente diverso. Non lo faremo, limite mio, ma riflettiamoci almeno per un attimo. Le fratture concettuali tra Oriente e Occidente, che altrove ho definito «geografie cartesiane»[18], rendono comprensibili con ritardi millenari molti fenomeni che alcune culture antichissime danno già per assodate.

Pensiamo alla fisica, che a questo punto mi sembra un buon termine di paragone per il nostro discorso sull'etica. Molte affermazioni della fisica contemporanea sono rintracciabili, *mutatis mutandis*, nei precetti del buddhismo tibetano[19]. Questo non depotenzia gli sforzi della scienza, intendiamoci. E guai a fare una divulgazione scientifica scadente utilizzando qualche pretesto orientalistico, come è già avvenuto[20]. Eppure un'evidenza è costantemente ignorata. Da millenni i comportamenti sono descritti come qualcosa che semplicemente accade. Non si tratta di trovare una ragione dell'ordine, ma di capire perché possiamo sforzarci di trovarne una. Il mistero dell'etica è l'etica stessa, proprio come il mistero della fisica è che esistano, anche solo per supposizione, gli oggetti incredibili che le nostre teorie cercano di descrivere. Un abbraccio non è meno interessante di un neutrino, cosí come il dibattito sulla «realtà» della funzione d'onda non è piú incredibile di quello che indaga gli oggetti condivisi e comuni alla base delle società (gli «oggetti sociali»). Non sono le descrizioni a essere interessanti, lo sono i motivi per cui siamo costretti a descrivere.

Fin qui ho detto poco rispetto a un vivace complesso di comportamenti etici orientati moralmente che dall'umano muovono altrove: per esempio l'etica animale e ambientale. Da anni sono vegetariano (in senso stretto, cioè «vegano», ma preferisco non utilizzare questo termine) e ovviamente mi sono interessato a tali fenomeni[21]. Questa può sembrare una digressione, ma non lo è. Il fatto che l'etica umana riconosca il proprio legame con l'etica animale e con l'etica ambientale è il segno di un fenomeno ben preciso: il progresso. Le cose migliorano. È banale dirlo, ma le cose migliorano sempre. Il progresso etico sembra intimamente connesso alla nostra evoluzione biologica. Dallo schiavismo istituzionalizzato all'emancipazione femminile, dalle pene corporali alla diffusione del vegetarianismo come rispetto assoluto della vita animale qualcosa è cambiato. Ed è cambiato in meglio.

Certo, i lettori di Critical Studies arricceranno il naso. Prima Nietzsche e Foucault, poi Adorno e piú recentemente Judith Butler non hanno mostrato che il progresso è spesso un ingannevole movimento con il quale il capitalismo s'impone come sistema di dominio? Sí. Forse. Ma intanto siamo qui. Io sono libero, e vengo addirittura pagato per insegnare filosofia. Butler ricopre un ruolo importante nella società statunitense «nonostante» l'appartenenza di genere e il suo orientamento sessuale. E le centinaia di traduzioni delle opere di Adorno mostrano un fermento culturale perenne, una passione trasversale per la ricerca, una capacità tutta umana di intendere il futuro come progresso. A questo punto è necessaria una precisazione. Futuro e progresso, come Derrida ha sostenuto nell'ultima parte della sua vita, sono diversi[22]. Il progresso scorre lungo lo stesso binario del tempo, ma non possiamo darlo per scontato. «Progresso», infatti, è un termine etico in quanto implica movimento e non azione. Il movimento dell'interno che si conforma all'esterno. Il movimento della vita stessa. Il progresso è la direzione lungo la quale si muove lo stormo etico.

Spesso l'etica diventa una teoria della giustificazione. Tizio ha fatto, o dovrà fare qualcosa, per una serie di determinati motivi. Ma l'etica è molto piú di questo. È una mobilitazione totale. Attenzione. Il concetto di mobilitazione totale non deve suggerire i retrogusti totalitaristi di Ernst Jünger, né tutti i problemi sollevati dall'epoca iperdigitalizzata in cui viviamo[23]. Andiamo verso il motociclista perché ci muoviamo sempre e comunque verso l'altro. Il che spiega anche la sicurezza con cui il motociclista richiama la vostra attenzione. Qualcosa, dentro di lui, gli comunica che voi lo aiuterete. Qualcuno non lo farà? Non importa.

Etica e politica, al contrario di quello che in troppi hanno sostenuto, non si giudicano a partire dallo stato d'eccezione[24]. È proprio quell'ordinario movimento altruista che dobbiamo analizzare quando l'etica entra in gioco. Immagino già cosa state pensando: «Il nostro è un brutto mondo!» Sarebbe come dire ai fisici intenti a spiegare quanto è ordinato l'universo che tutto, prima o poi, finirà risucchiato nel Big Crunch. Predicare l'esistenza del male non ha nulla a che vedere con lo scopo dell'etica come disciplina che analizza i movimenti dei corpi intenzionali. Da questo punto di vista, l'immagine inflazionata dello yin e dello yang è un regalo da parte dell'Oriente antico alla nostra comprensione del mondo contemporaneo. Proprio come la materia ha bisogno dell'antimateria, cosí il bene ha bisogno del male. Nell'equilibrio tra le forze abita la funzionalità di un organismo vivente.

Torniamo in macchina. È del tutto normale che nel lasso di tempo in cui valutate se aiutare il motociclista vi passi per la mente la possibilità di andare via e correre dal vostro compagno (anche solo per evitare le scocciature che seguiranno al vostro intervento). Nell'equilibrio riflessivo che questo contrasto cognitivo esprime risiede il senso del movimento che l'etica deve tentare di descrivere. Perché l'essere che chiamiamo «umano» è essenzialmente movimento puro e armonico.

Alcuni filosofi ritengono che ogni buona lezione sull'etica debba concludersi con una teoria preconfezionata da portare a casa per sapere quali sono le buone azioni, e quali quelle cattive. Io, invece, sto cercando di dimostrarvi che sapete già perfettamente distinguere ciò che si deve fare da ciò che non si deve fare. Sapete già che l'amore non ha sesso né genere, che ogni forma di vita non deve essere uccisa se non è davvero necessario, che le donne e gli uomini hanno gli stessi diritti, che si lavora per vivere ma non si vive per lavorare e che i vostri diritti terminano dove comincia la sofferenza di un altro corpo.

Sappiamo tutto questo, però lo ignoriamo. Edifichiamo una realtà sociale che considera normali fenomeni come l'omofobia e lo specismo, il razzismo e il sessismo, le guerre e i conflitti sul lavoro. Ecco la mia tesi. Se il movimento diventa cosí immorale – immorale e ingiustificato – cessa di essere movimento e si costituisce come vita senza concetto. Se l'umano è essenzialmente in movimento, allora chi si ferma smette di essere umano. L'immoralità è disumana. La violenza contro la diversità è il fallimento dell'etica proprio come l'idea che il Sole giri intorno alla Terra è il fallimento della scienza. Dover argomentare che l'omosessualità è normale è immorale. Essere costretti a rivendicare la propria normalità, quando non si toglie nulla agli altri, rende l'etica un falso movimento.

Da migliaia di anni la filosofia cerca di elaborare, in ogni epoca, le condizioni di possibilità per stare bene al mondo. I filosofi devono restituire una comprensione della contemporaneità nella forma piú sostenibile e solidale possibile con il flusso della vita sociale degli esseri umani. L'etica, in questo, è un modo di formulare il pensiero scientifico. Il suo compito non è dirimere questioni di gusto, ma mostrare che l'unico movimento possibile è quello che avvicina la diversità con stupore e mai con violenza. La diversità di una giornata come quella del motociclista, oppure la diversità di un corpo – basti pensare alla transessualità o, in un contesto diverso, alla disabilità – non producono discriminazione. Il movimento non discrimina. Il razzismo non deriva dalle razze, ma le razze dal razzismo. Ogni azione è una scelta e ogni scelta è un'azione. L'etica come disciplina comincia nel momento in cui ci si interroga sulle strutture primarie del comportamento collettivo. La realtà sociale regge, si regge e ci sorregge. Ogni giorno usciamo di casa sicuri di trovare un autobus che ci porterà al lavoro, un ufficio aperto e funzionante, luci che illuminano le strade, cassonetti svuotati e pronti a essere nuovamente riempiti. Questa sicurezza, questa certezza che ci sia e ci sarà sempre un movimento a stormo, all'interno del quale ognuno di noi segue un compagno per indirizzare il corpo unitario che componiamo verso un obiettivo piú grande, è l'etica.

John Rawls ha elaborato una teoria etica del contratto sociale che oggi si studia in tutte le università del mondo occidentale. In *Una teoria della giustizia*[25] sostiene che l'unico modo per costruire un ordine sociale secondo un agire etico sia stabilire una condizione d'ignoranza di partenza, un «velo d'ignoranza» steso su tutti i fattori che impediscono di decidere in modo egualitario anche per gli altri. Il «velo d'ignoranza» consiste nell'ipotizzare una posizione originaria nella quale gli individui, in condizioni di equità e imparzialità, stabiliscono insieme quali principî di giustizia debbano essere posti alla base della società e del suo ordinamento. Per intenderci, è ciò che vi consente di andare verso il motociclista a prescindere dal colore della sua pelle, dall'orientamento sessuale o dal peso specifico del suo stipendio. E senza controllare se è in regola col pagamento dell'assicurazione sanitaria.

È vero, questa condizione rawlsiana somiglia molto al *movimento* che ho cercato di descrivere finora, ma a ben vedere c'è una differenza sostanziale. L'ipotesi di Rawls è fondata su un espediente che oscilla tra la fantascienza e i cartoni animati: immaginate un gruppetto sparuto di persone che mette tra parentesi tutto ciò che gli impedisce di decidere con buon senso e, una volta conclusa l'operazione, crea le *giuste* forme della società entro cui sviluppare la vita in comune[26]. L'etica, infatti, non si fonda su un'astrazione arbitraria come il «velo d'ignoranza». Il modo in cui ci avviciniamo a essa somiglia di piú alla famosa metafora della scala di Wittgenstein. L'etica è qualcosa che possiamo capire solo con l'osservazione dei nostri comportamenti. Raggiungiamo la sua comprensione con una scala che, arrivati in cima, dovremo gettare. Alla fine del *Tractatus*, Wittgenstein scrive: «Le mie proposizioni illustrano cosí: colui che le comprende, alla fine le riconosce insensate, se è salito per mezzo di esse, su esse, oltre esse. Egli deve, per cosí dire, gettare la scala dopo esservi salito. Egli deve superare queste proposizioni. Allora vede rettamente il mondo»[27]. In un certo senso, noi stiamo procedendo in una maniera analoga. Non abbiamo a disposizione teoremi che svelino il contenuto dell'etica in una forma conoscitiva necessaria e universale. Per cogliere il senso di questa disciplina possiamo contare solo sulla nostra personale esperienza, irripetibile per definizione, fatta dell'incontro tra noi e gli altri.

La mia lezione sull'etica è tutta nello sguardo rivolto allo specchietto retrovisore. Voi siete al volante, ma anche in quel guardare altrove. Siete in un posto e nel suo opposto. Risiedete, in quanto organismi etici, nell'intercapedine di questa antinomia. Se non guardate è perché qualcuno vi ha insegnato a ignorare l'altro.

L'etica come scienza deve spiegare perché siamo programmati a questo sguardo, mentre l'etica come pratica deve insegnare a guardare di nuovo in questo modo «altro-direzionato», qualora ci fossimo dimenticati come si fa.

Per avviarci alla conclusione: cosa caratterizza l'etica? O meglio: cosa fa chi dice di fare etica?

Studia il movimento corale dei corpi che costituiscono lo stormo umano. Non tenta di prevedere i comportamenti, derivando presunti atteggiamenti proposizionali da una caratterizzazione psicologica. Non anticipa, non prescrive. Al contrario, lascia che il flusso della vita umana segua il suo corso. L'eusocialità, che contraddistingue noi e pochissime altre specie[28], segue il proprio movimento spontaneo. Il nostro compito è assecondare questa corrente nel rispetto del progresso morale e della biodiversità. Si tratta di un principio, quest'ultimo, al quale non possiamo rinunciare, perché ognuno di noi è diverso dall'altro, e in una serie che conta milioni di enti eterogenei i due estremi saranno profondamente distanti tra loro. Non è una questione di numeri. Il punto è che ciascuno di noi potrebbe essere, a turno, aiutante e aiutato. Lo stereotipo che vede nel web e negli strumenti di iperconnessione un gigantesco dispositivo che viola la comprensione dell'alterità è ingannevole. In realtà essi sono una buona immagine della nostra struttura innata e della nostra predisposizione a essere sempre collegati con ciò che esiste al di fuori di noi. L'etica è la connessione, il contatto, il mistero della vita umana come un fenomeno di perenne condivisione.

Erwin Schrödinger, nelle sue lezioni al Trinity College di Dublino tenute nel febbraio 1943 e pubblicate col titolo *Che cos'è la vita?*[29], sosteneva che la molecola del gene fosse un cristallo aperiodico formato da una sequenza di elementi isomerici che dovrebbero costituire il codice ereditario. Questo codice sembra contenere dentro di sé l'intero piano di sviluppo dell'organismo vivente. Applicando le leggi della meccanica quantistica alla biologia – e anticipando di molto le contemporanee ricerche sull'universo che prendono il nome di «biocentrismo»[30] – Schrödinger stava di fatto praticando l'etica.

Il mondo è un sistema soggetto-oggetto, e non soltanto in senso fenomenologico, per cui le cose sono *manifeste in quanto a noi manifeste*[31]. L'etica è la creazione del mondo perché il nostro comportamento e le idee secondo le quali lo indirizziamo costituiscono l'idea generale di ciò che chiamiamo «mondo esterno», che resta una proiezione del soggetto vivente. Ovviamente un mondo esterno esiste[32], ma anche le nostre idee sull'ontologia, in fondo, sono filtrate dalle nostre percezioni sensibili. Lo vedremo nelle prossime lezioni. Sappiamo che c'è qualcosa fuori di noi. Ed è in questa intercapedine che l'etica si muove, e dunque muove. Il mondo dipende da noi, perché il progresso è mente-dipendente.

Quando si affronta l'etica entra in gioco la nozione stessa di «essere umano». La definizione di etica non riguarda però il modo in cui ci si dovrebbe comportare. Non è un galateo per adulti. Il legame tra l'etica e l'essere umano riguarda i criteri e i motivi che ci spingono ad adottare un comportamento e, per di piú, a ragionare su di esso. I problemi specifici meritano di essere risolti, ma la vera sfida è analizzare e comprendere l'andamento generale della nostra specie. Abbiamo il compito di pensare l'etica, dunque, per pensare la vita, perché «l'etica, se è qualcosa, è sovrannaturale»[33].

[1] Il mio compito, lo vedremo insieme, è cambiare parzialmente il senso di queste domande.

[2] È in questa sede che si scontrano teorie come l'utilitarismo o il deontologismo, il contrattualismo o forme piú radicali e contemporanee del nichilismo.

[3] Mi sono occupato del problema in L. Caffo, *La possibilità di cambiare: azioni umane e libertà morali*, Mimesis, Milano-Udine 2012. Analizzerò meglio questo paradosso dell'azione nella quinta lezione dedicata al «futuro».

[4] A mio avviso il miglior libro contemporaneo sul tema è P. Singer, *The Most Good You Can Do: How Effective Altruism Is Changing Ideas About Living Ethically*, Yale University Press, New Haven 2015.

[5] La superficie non è di per sé meno interessante, e almeno è stata filosoficamente esplorata con rigore. A titolo d'esempio cfr. J. Searle, *La costruzione della realtà sociale*, Einaudi, Torino 2006.

[6] L'ansia di conoscere i vincitori del Nobel per la fisica, quando per la filosofia non esiste neppure una medaglia di consolazione, è un campanello d'allarme che non va sottovalutato, tanto piú se coscienti che è impossibile scindere fisica e filosofia: cfr. W. Heisenberg, *Fisica e filosofia*, il Saggiatore, Milano 2008.

[7] Non è un argomento in favore del determinismo piú grossolano che ignora, come se nulla fosse, il dibattito sul compatibilismo e il suo sforzo di far quadrare l'ineluttabilità dell'universo con la nostra volontà di potenza. Per i piú interessati al dibattito consiglio D. Dennett, *Elbow room: the varieties of free will worth wanting*, Clarendon Press, Oxford 1984.

[8] Piú ragioni favoriscono questa sottovalutazione della filosofia. Innanzitutto la complessità dell'«umano», che nei suoi componenti di base non è meno strutturato di un atomo. Spesso, poi, le entità con le quali cerchiamo di descriverne le funzioni sono astratte e di difficile comprensione, almeno quanto quelle con cui tentiamo di afferrare gli oggetti perlopiú invisibili su cui la fisica, e molte altre scienze (la chimica, ad esempio), cercano di legiferare per induzione. Come se la complessità della materia non bastasse, la politica contemporanea non investe abbastanza sulla ricerca filosofica (di cui l'oggetto d'indagine rimane sostanzialmente incompreso).

[9] La prima volta che ho presentato un'argomentazione simile, al Teatro Sociale di Como nel dicembre 2015 in una conferenza con Moni Ovadia, una signora dal pubblico mi ha interrotto per dirmi che non solo

le era capitata una cosa simile (da motociclista), ma la persona in macchina che era tornata indietro aveva abbassato il finestrino e urlato, prima di ripartire veloce: «Ti sta bene, motociclista!» A conferma che troppo spesso la realtà supera la fantasia.

[10] Nel senso che l'etica stabilisce la norma dei comportamenti, dunque è sulla base della presunta consuetudine che si analizzano le alterazioni studiate dalla psicopatologia.

[11] Si tratta di ragionare per analogia e in parte per induzione, una volta che alla genetica si è affiancato lo studio dell'ambiente. Ciò che fa la genetica del comportamento, per intenderci.

[12] Il testo migliore sull'argomento, nonostante il fenomeno editoriale che è seguito alla scoperta dei neuroni specchio, resta a mio avviso: G. Rizzolatti, C. Sinigaglia, *So quel che fai: il cervello sociale e i neuroni specchio*, Raffaello Cortina, Milano 2006.

[13] Sul tema si veda il diario del 4 dicembre 1937 di Pavese, *Il mestiere di vivere* cit., p. 62.

[14] S. S. Subramuniyaswami, *Dancing with Siva: Hinduism's Contemporary Catechism*, Himalayan Academy, Concord 1979, p. 9.

[15] B. Del Boca, *La dimensione umana*, Bresci Editore, Torino 1971, p. 21.

[16] Per discernere in modo corretto e completo tra queste diverse nozioni consiglio D. Marconi, *Per la verità: relativismo e filosofia*, Einaudi, Torino 2007.

[17] L. Wittgenstein, *Lezioni e conversazioni sull'etica, l'estetica, la psicologia e la credenza religiosa*, Adelphi, Milano 1967, pp. 11-13.

[18] Per la prima volta in L. Caffo, *Il primo squarcio nelle geografie cartesiane*, in «Bloom: trimestrale di architettura», n. 26, pp. 21-36.

[19] Esplicativo in tal senso è L. Nottale, *Scale Relativity And Fractal Space-Time: A New Approach to Unifying Relativity and Quantum Mechanics*, World Scientific Publishing Company, Londra 2011.

[20] Considero molto del dibattito in epistemologia della complessità figlio legittimo di questa degenerazione divulgativa. Il miglior caso, paradossalmente, è un bestseller: F. Capra, *Il Tao della fisica*, Adelphi, Milano 1982.

[21] A titolo rappresentativo in L. Caffo, *Il maiale non fa la rivoluzione: manifesto per un antispecismo debole*, Sonda, Casale Monferrato (AL) 2013.

[22] Riprenderò questo tema nell'ultima lezione.

[23] Mi riferisco in questo caso alla riflessione di M. Ferraris, *Mobilitazione totale*, Laterza, Roma-Bari 2015.

[24] Mi riferisco a testi come quello di G. Agamben, *Stato d'eccezione*, Bol-

lati Boringhieri, Torino 2003, ma anche, e forse soprattutto, a certa filosofia analitica che, attraverso degli esperimenti mentali, tenta di dimostrare qualcosa di logicamente impossibile, ma del tutto ininfluente, per la realtà quotidiana.

[25] J. Rawls, *Una teoria della giustizia*, Feltrinelli, Milano 2009. L'opera originale, che ha rivoluzionato l'etica nel campo d'analisi della filosofia analitica, è del 1971.

[26] Il razionalismo neoliberista che giace dietro questa premessa influenza tutto il dibattito filosofico contemporaneo, dal contrattualismo di Rawls fino al decisionismo funzionale dell'intenzionalità collettiva di John Searle, ed è una piaga che affligge il pensiero etico.

[27] L. Wittgenstein, *Tractatus*, 6.54.

[28] Noi, qualche ratto, e alcune specie di insetti. Cfr. E. O. Wilson, *La conquista sociale della Terra*, Raffaello Cortina, Milano 2013.

[29] E. Schrödinger, *Che cos'è la vita?*, Adelphi, Milano 1995.

[30] R. Lanza, B. Berman, *Biocentrismo. L'universo, la coscienza. La nuova teoria del tutto*, il Saggiatore, Milano 2015.

[31] Come recita lo storico paragrafo nove di *Essere e Tempo* di Martin Heidegger.

[32] Come argomenta M. Ferraris in *Il mondo esterno*, Bompiani, Milano 2001.

[33] L. Wittgenstein, *Lezioni e conversazioni sull'etica, l'estetica, la psicologia e la credenza religiosa*, Adelphi, Milano 1967, p. 11.

Estetica

Esiste il bello?
Che funzione ha l'arte in filosofia e per la vita umana?
In che modo il mondo si manifesta?

Definire il Bello è facile: è ciò che fa disperare.
PAUL VALÉRY, *Varietà*

Siete a Londra. Anche se non piove (stranamente) e c'è il sole, entrate lo stesso alla Tate Modern. Ero lí anch'io, nell'enorme edificio dell'ex centrale elettrica di Bankside, quando mi è capitata la storia che sto per raccontarvi. Dico la verità, detesto le audioguide. Quel giorno, mentre gironzolavo per il museo fregandomene di seguire un percorso prestabilito, mi sono imbattuto in *An Oak Tree* di Micheal Craig-Martin.

Davanti a me c'era un bicchiere d'acqua mezzo vuoto, appoggiato su una mensola che dista circa 253 centimetri dal suolo. Senza mezze misure: se la mensola fosse stata ad altezza d'uomo, probabilmente anche voi, come me, avreste pensato di bere un bel sorso d'acqua, e addio opera d'arte.

Vulgata vuole che l'arte sia bella. Forse per questo c'è piú fila davanti alla *Gioconda* che di fronte al nostro bicchiere d'acqua. Probabilmente ci sembra che nel primo caso il bello appaia senza filtri e che nel secondo – non ditemi che l'idea non vi ha mai sfiorato – l'artista ci stia prendendo in giro.

Casi come questo, in cui l'arte mette in scena concetti anziché rappresentare una qualche presunta bellezza, hanno contribuito alla domanda sulla natura ontologica dell'arte. La filosofia dell'arte contemporanea, che per il momento vorrei distinguere intuitivamente dall'estetica, si è concentrata quasi del tutto sulla domanda: «Che cosa è arte?»[1].

È molto semplice. Se il celebre orinatoio di Duchamp riesce con un solo gesto a ibridare il dominio dell'arte con gli oggetti quotidiani, abbiamo bisogno di capire quali sono le proprietà necessarie e sufficienti che definiscono l'estensione semantica della parola «arte». Ma la mia domanda è un'altra. Abbiamo davvero bisogno di una definizione del genere?

Se a crearvi problemi è la bellezza, o meglio la sua assenza, allora siete fuori strada. Ciò che tiene insieme l'arte è la capacità di «anticipare strutture di vita». La bellezza è un fenomeno diverso. Esiste il bello? Di certo le nostre dotazioni cognitive sono fatte in modo tale che alcune immagini, suoni, odori e sapori, possano essere codificati come «belli» o «buoni». Ci sono tante bellezze. Il paesaggio innevato della cima dell'Etna, da cui si vedono il Mediterraneo e la costa catanese, è bello. Eppure, sembra una bellezza diversa rispetto alla *Scuola di Atene* di Raffaello. Questa differenza tra bellezza naturale e artificiale è all'origine delle critiche che Platone ha mosso contro l'arte nella sua città ideale. Secondo Platone, l'arte imita la natura, lo fa male, e bisogna liberarsene. Il problema è che l'arte non imita un bel niente. Se imita, o se cerca di fare cose belle, allora non è arte. L'arte, soprattutto quella contemporanea, è molto piú legata alla percezione e alla sua teoria[2] che alla bellezza in quanto tale.

Voglio cominciare questa lezione con un vero e proprio slogan: l'arte è il domani anticipato nell'oggi. Uno slogan che, come filosofo, devo argomentare con onestà e rigore.

Rientriamo insieme alla Tate Modern e proviamo a chiederci che cosa ci spinge a osservare con interesse quel bicchiere d'acqua. Se il semplice fatto di essere in un museo ci sembra una giustificazione insufficiente – al contrario di quanto sosterrebbero i convenzionalisti[3] – dobbiamo cercare le ragioni per cui quest'opera ci incuriosisce. Lasciamo per un attimo da parte il fatto che ogni importante opera d'arte ha una spiegazione ufficiale. Anziché parlarvi di come funziona il canone, vorrei raccontarvi la mia storia. Senza le noiose spiegazioni dell'audioguida, ecco qual è stata la mia reazione di fronte al bicchiere. Mi sono convinto che fosse un monito su quanto sarà difficile avere dell'acqua in futuro se non poniamo un freno alla crisi ecologica.

Forse ho troppa fantasia, lo confesso. Però l'aneddoto torna utile alla nostra causa, perché ci porta dritto al cuore della questione che vogliamo esplorare. È vero, avevo frainteso il significato dell'opera, ma avevo capito una cosa fondamentale. Il suo potere stava nel dirmi oggi qualcosa sul domani, o meglio sui rischi e le potenzialità del futuro.

Estetica deriva dal greco *aísthesis*, «sensazione». Dal punto di vista etimologico, la disciplina che stiamo cercando di definire indica prima di tutto la percezione di qualcosa che si manifesta concretamente[4]. Niente bellezza, ma solo apparenza. Occuparsi di estetica significa comprendere quali sono i modi attraverso i quali percepiamo il mondo esterno.

Il motivo per cui la filosofia dell'arte e l'estetica vengono spesso confuse o ibridate nasce da qui. Perché l'arte dovrebbe essere piú interessante, per l'estetica, rispetto a una partita di tennis? In fondo il tennis si vede, si manifesta. In piú, concentrarsi a lungo sulla pallina richiede una certa attenzione da parte degli spettatori. Finché non si capisce che l'arte comporta un'anticipazione, il legame tra estetica e filosofia dell'arte rimarrà irrisolto. Il potere di questa tesi risiede nella possibilità di vedere qualcosa che ancora non si presenta, ma che presto lo farà.

Purtroppo la maggior parte dei filosofi dell'arte conosce poco l'arte. Incredibile, ma vero. Questa carenza rende molto difficile capire che l'arte è un fenomeno interessante grazie all'eccedenza categoriale che la contraddistingue. Ogni volta che cerchiamo di ingabbiare una manifestazione artistica in un concetto o in una definizione dobbiamo arrenderci al fatto che questi mezzi sono insufficienti, perché non restituiscono il fenomeno nella sua completezza.

Nel 1601, quando dipinge *La conversione di san Paolo*, Caravaggio anticipa qualcosa, proprio come Michael Craig-Martin con il suo bicchiere. La capacità di anticipare non è la cifra caratteristica dell'arte contemporanea, ma è il filo rosso di tutta l'arte (che almeno una volta è stata contemporanea alla propria epoca). Mettendo il cavallo in primo piano, e retrocedendo l'uomo a un ruolo secondario, Caravaggio decreta la crisi dell'antropocentrismo con centinaia di anni d'anticipo. Cosí secoli dopo, con *Novecento*, Maurizio Cattelan ha usato, sfortunatamente, un cavallo vero (imbalsamato) per mettere in scena il fallimento dell'umano contemporaneo, evocando la decadenza antropologica del secolo scorso.

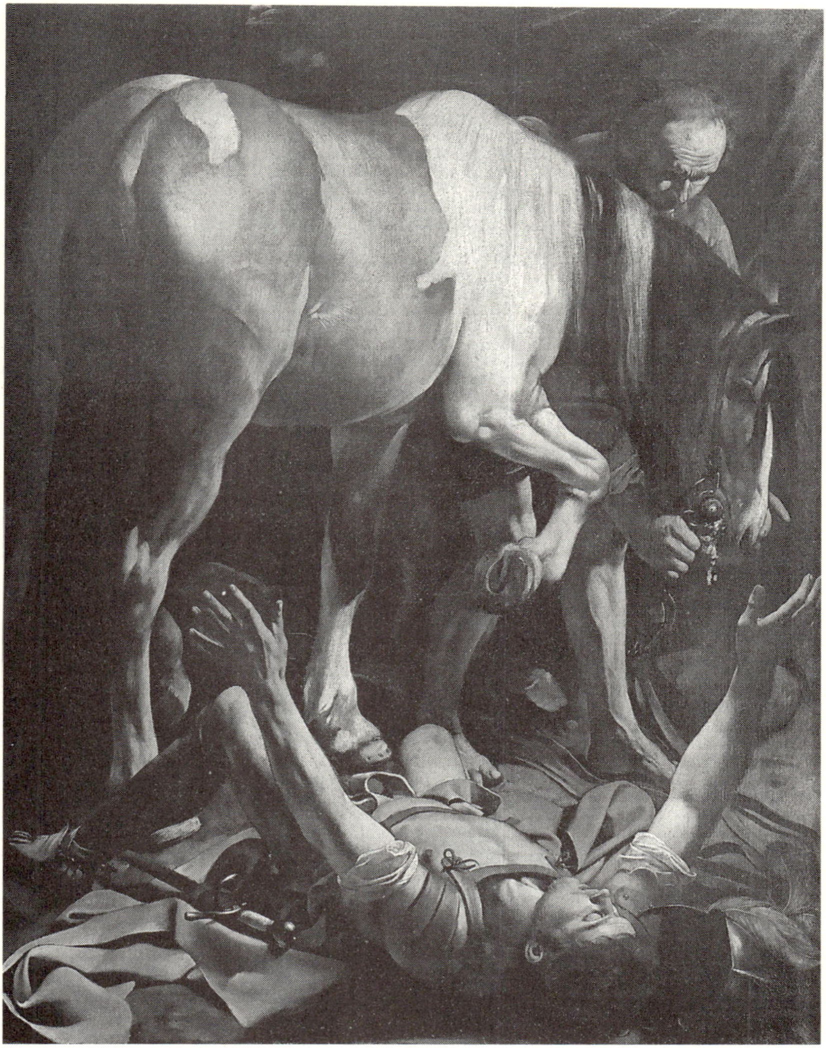

Caravaggio, *Conversione di san Paolo*, olio su tela, 1601.

Roma, Santa Maria del Popolo, Cappella Cerasi. (Foto © Mauro Magliani / Electa / Mondadori Portfolio).

Maurizio Cattelan, *Novecento*, installazione per il Castello di Rivoli, 1997. Rivoli (Torino), Museo d'Arte Contemporanea - Castello di Rivoli. Per gentile concessione dell'Archivio Maurizio Cattelan. (Foto © Paolo Pellion).

Quando si dice che fare arte è un gesto politico si ha in mente una versione debole della tesi che voglio difendere. Debole perché in questo modo si riduce l'arte a una semplice critica dello stato attuale delle cose, a una denuncia del presente. L'arte, invece, anticipa in modo tangibile ciò che sarà, suggerisce una direzione, quella che Heidegger avrebbe definito «segnavia».

Non fraintendetemi. Non voglio, dopo aver detto che l'arte non va definita, ridefinirla facendo coincidere il suo significato con il suo uso o la sua funzione, come spesso si fa in semantica linguistica[5]. Ciò che vorrei indagare è il valore dell'arte come particolare manifestazione del mondo.

L'estetica mette in relazione due mondi apparentemente distinti. Apre il presente al futuro, ma non nel senso di una previsione. Caravaggio e Cattelan non avevano una sfera di cristallo quando hanno realizzato le loro opere. Disponevano di uno sguardo visionario. Ogni opera d'arte non ha a che fare con la scienza, ma con l'etica, perché mette in scena uno spettro di possibilità. Il territorio della possibilità è quello delle scelte, che sono il cuore dell'azione e del comportamento, cioè gli oggetti dell'etica. In sostanza, l'estetica ci apre gli occhi sulla nostra appartenenza a un mondo complesso, che ci trascende come individui autoreferenziali. Questa disciplina collega il fuori di noi con il nostro dentro. Crea una comunicazione filtrata tra il mondo esterno e il nostro mondo interno[6]. Dico «filtrata» perché già Nietzsche ci ha illuminato su un fatto banale, ma spesso ignorato:

> Già gli [all'essere umano] costa molta fatica l'ammettere che l'insetto o l'uccello percepiscono un mondo del tutto differente da quello umano, e che la questione di determinare quale delle due percezioni del

mondo sia la piú giusta è del tutto priva di senso, poiché una misura in proposito dovrebbe essere stabilita in base al criterio della percezione esatta, cioè in base a un criterio che non esiste[7].

Se la percezione corretta non esiste, la comunicazione tra i due mondi è sempre parziale, ma questo è un bene. L'estetica si innesta sull'impossibilità di un rapporto simmetrico tra soggetto e mondo. O meglio, si regge sulla consapevolezza che il mondo esterno esiste a prescindere e che la nostra conoscenza deve accontentarsi di essere una semplice proiezione.

La nostra proiezione del mondo può essere fortemente influenzata dall'arte come anticipazione. Per questo esiste uno stretto legame tra estetica ed etica. D'ora in avanti, sarà sempre piú esplicita l'esigenza di ricongiungere terreni distinti della filosofia.

La storia secondo la quale, camminando lungo il corridoio di un museo d'arte contemporanea, potreste scambiare un estintore per un'opera è falsa. Coglie in pieno un punto critico dell'arte postmoderna – non vi sono narrazioni migliori (piú corrette) di altre –, ma resta falsa. Alla Tate Modern il bicchiere è a 253 centimetri da terra. Nessuno di voi potrebbe considerarlo un «bicchiere normale», e cosí vale per tutte le grandi opere del contemporaneo, *ready-made* e pop art incluse. Ciò che vi fa sopportare file chilometriche al Louvre ma vi allontana dalla mostra di un artista sperimentale è una cattiva abitudine: quella di pensare all'arte come a un ornamento, a una produzione di cose belle. Giudizi del tipo «La *Vergine delle Rocce* è stupenda» ne accompagnano sempre altri come «Non ho proprio capito che senso abbia quel dito medio posizionato davanti a Piazza Affari»[8].

Non voglio tediarvi con le teorie categoriali dell'arte in filosofia. Da Richard Walton a Arthur Danto, in molti hanno invitato l'arte a sdraiarsi sul lettino di uno psicanalista con l'obiettivo di definirla. Chiamo questi tentativi «estetica teorica». Credo, tuttavia, che un'estetica pratica sia molto piú interessante. Se la filosofia produce concetti[9] spesso visionari, lontani e anche rivoluzionari rispetto allo spirito del tempo, l'arte permette un'anticipazione di tali visioni del futuro nel «qui e ora». In queste pagine voglio proporre un'estetica come teoria modale. Non si vede solo il reale contingente o necessario, ma anche, e forse soprattutto, il reale possibile.

Siete a Udine.

Anche se non piove ed è una splendida giornata decidete di entrare a Casa Cavazzini, il museo di arte moderna e contemporanea. Immaginiamo che andiate in gita dopo esservi misurati con i discorsi che abbiamo fatto finora. Magari siete meno intransigenti di me e noleggiate pure un'audioguida. Dopo aver visitato due dei tre livelli del museo, sentite il bisogno di una pausa. Mentre uscite nel giardino per prendere una boccata d'aria, da un momento all'altro vi accorgete di sprofondare nel terreno. I vostri piedi incespicano su qualcosa d'instabile che vi coglie di sorpresa. Vi spaventa. Se non capite che cosa sta succedendo, ve lo dico io. State calpestando *Stones*, l'installazione di uno dei piú noti esponenti della scena artistica bulgara, Ivan Moudov. La cosa che vi sbalordirà di piú, ne sono convinto, è che quest'opera nasce per essere calpestata. E voi, anche se involontariamente, avete svolto il vostro compito di bravi visitatori.

L'assenza di un nesso tra arte e bellezza è qui del tutto evidente. Inoltre entrano in gioco altri sensi che non hanno nulla a che fare con la percezione del bello. Mi riferisco al tatto, e non al tatto delle mani, ma a quello dei piedi. La realtà e l'opera si sovrappongono a tal punto che il varco sul futuro appare sotto di voi. Non solo l'assoluto è qui, ma è addirittura calpestabile.

Con l'estetica succede qualcosa di simile all'etica. Da quando la passione per le neuroscienze ha invaso il territorio della divulgazione, l'estetica, come scienza che indaga il rapporto visivo tra soggetto e mondo, non sembra suscitare un interesse particolare. Perché? Perché oltre alla quantità, l'estetica indaga la qualità della percezione. Se consideriamo questa capacità di vedere l'invisibile, cioè il tempo e le possibilità ancora irrealizzate, l'estetica diventa una teoria percettiva dei valori. Le neuroscienze e le psicologie della percezione indagano le modalità sensoriali di accesso al mondo esterno. L'estetica, invece, indaga le modalità di accesso all'*invisibile per adesso*.

Nella storia della filosofia la fusione dell'estetica come teoria della percezione con la filosofia dell'arte si deve prima a Kant e poi a Hegel. Le ragioni dei due pensatori erano diverse da quelle che sto esaminando ora, ma ne sono state le condizioni di possibilità. Nella *Critica della ragion pura*, Kant presenta l'estetica come una dottrina della percezione sensibile, fondata sulle forme trascendentali dello spazio e del tempo. Spazio e tempo, per Kant, non sono lo spazio in cui ci muoviamo e il tempo che trascorre, il tempo della storia. Essi sono le strutture fondamentali che permettono il nostro accesso al mondo sensibile, e sono trascendentali perché appartengono allo stesso modo a tutti i soggetti conoscenti, indipendentemente dall'esperienza. L'intersezione vera e propria dell'estetica con la filosofia dell'arte si compie piú avanti, con la *Critica del giudizio*. Il giudizio estetico è la giuntura kantiana tra il pensiero sull'arte e quello sulla percezione del bello, perché le stesse facoltà trascendentali del processo cognitivo sono protagoniste di un altro tipo di esperienza: il sentimento del bello è il «libero gioco» delle facoltà cognitive. Con un solo gesto, Kant congiunge la dottrina della sensibilità, tipica della filosofia antica, con la moda filosofica del Settecento, tutta concentrata sull'arte, ma anche sul sentimento del bello e del sublime.

Kant getta le basi dell'estetica moderna e passa il testimone a Hegel, il quale, nella sua *Estetica* del 1835, elabora un'idea che, come di soppiatto, ha accompagnato il nostro ragionamento fin dall'inizio. L'arte, dice Hegel, è compiuta solo quando si estingue nel proprio concetto. Quasi con un secolo d'anticipo rispetto alla sua comparsa, Hegel stava teorizzando l'arte concettuale. L'estetica, come l'etica, si rivela una scienza fondamentale per capire com'è fatto il nostro mondo sociale.

Oggi l'estetica è molto di piú rispetto alla sua concezione hegeliana, perché è la capacità di afferrare un altrove degno di questo nome. Nel 2009 il Centre Pompidou di Parigi ha inaugurato la retrospettiva *Voids* di Robert Barry, nella quale si possono leggere, tra le righe, le riflessioni di Heidegger sul nulla[10]. Tutto il museo ha esposto il «niente», cioè nessuna opera, o meglio opere che richiamavano al non-ente. L'obiettivo di Hegel si è compiuto, siamo davanti a concetti senza supporto. Eppure, lo stimolo visivo è dato proprio da quell'assenza, da un buco percettivo[11], che del resto appare come una forma piena – piena di niente e, dunque, da riempire con dubbi, domande, perplessità. Da qui si apre necessariamente un altro varco, il niente rappresentato come il *niente* che potrebbe verificarsi. L'estetica diventa anticipazione pura. Noi vediamo con gli occhi di oggi ciò che altri vedranno domani. La ricerca filosofica contemporanea si orienta in gran parte su questi stati di cose futuribili. Il «Future of Humanity Institute» dell'Università di Oxford è uno dei piú importanti – e controversi – centri di studi filosofici. L'idea che sta alla base delle sue analisi è quella di prevedere e orientare, attraverso vere e proprie porte sul futuro possibile, gli stati di cose che verranno. L'estetica, come abbiamo già detto, è un'attività essenzialmente modale. Prendo in prestito le parole di Heidegger, dal paragrafo sette di *Essere e tempo*, per mostrare che l'estetica deve rispondere sempre a questo principio: «piú in alto della realtà si trova la possibilità».

Abbiamo capito che l'estetica è una scienza anomala. Siamo abituati ad analizzare le cose del mondo, ma in questo caso studiamo le cose che vorremmo o non vorremmo vedere nel mondo di domani. Risiede proprio qui il legame tra etica ed estetica che Wittgenstein ha individuato nel suo *Tractatus*: «Etica ed estetica sono tutt'uno»[12].

Quando entriamo in un museo d'arte contemporanea, che a questo punto sarebbe meglio chiamare museo d'arte futura, dobbiamo sentirci in una posizione di assoluto privilegio, perché è il mondo dei nostri figli, se non dei nostri nipoti, quello che osserveremo. Per Kant spazio e tempo erano forme pure della sensibilità. Per noi, che stiamo facendo insieme questo percorso, sono le forme pure della sensibilità ad avere bisogno di spazio e tempo, o meglio dello spazio-tempo. I musei sono strutture fondamentali. Creano uno spazio di osservazione del tempo che è stato (l'arte antica) e di quello che sarà (l'arte contemporanea). E qui, senza alcun sarcasmo nei confronti di molti filosofi dell'arte contemporanea, sarebbe bastato capire qualcosa del Medioevo. Tommaso d'Aquino aveva già dimostrato che l'opera d'arte è morale, cioè utile, soltanto se aiuta l'uomo nel suo perfezionamento. La sua era una «percettologia»[13] del possibile *ante litteram*. Per capire di cosa stiamo parlando dobbiamo tornare alla Tate Modern. Questa volta, però, non ci perdiamo a gironzolare tra le opere d'arte, ma usciamo e guardiamo l'edificio da fuori.

La Tate Modern di Londra.
(Foto © Marco Covi / Electa / Mondadori Portfolio).

L'ex centrale termoelettrica di Bankside ha una ciminiera alta quasi cento metri. Non è un bel museo, al contrario della Tate Britain, a cui è collegata da un canale navigabile. Questo, tra l'altro, mette in discussione tutte le teorie contemporanee dell'arte secondo cui la bellezza va cercata piú nei musei che nelle opere ospitate al loro interno[14]. La ristrutturazione di una vecchia centrale termoelettrica da parte dello studio di architetti svizzeri Herzog & de Meuron non ha nulla a che fare con la bellezza. *Il bello è escluso dall'estetica.* «Il concetto del "bello" ha fatto qualche danno»[15], soprattutto quando è stato assunto come valore qualitativo da sostituirsi al buono.

Mi spiego meglio. Pensate se qualcuno giudicasse il lavoro che fate non in base alla bravura, puntualità o abnegazione, ma per la vostra bellezza. Per come vestite o per l'armonia dei lineamenti del vostro viso. L'idea che il bello sia un valore su cui articolare un sistema-mondo complessivo è molto pericolosa. Ogni tanto bellezza ed estetica coincidono, ma di certo la prima non è condizione necessaria né sufficiente della seconda.

Ristrutturare una centrale e trasformarla in altro, esattamente come è avvenuto con la riconversione di alcuni macelli in musei (pensiamo al Macro Testaccio di Roma o agli Abattoirs de la Villette di Parigi), significa orientare l'umanità da un sistema di produzione materialista verso uno culturale.

Poiché consente di progettare strutture di vita, l'architettura svolge anche una funzione estetica, in quanto anticipa nuove forme d'esistenza. L'apertura di varchi futuri operata dall'estetica come scienza ha bisogno di supporti, come le opere d'arte. Tuttavia se l'arte, come voleva Hegel, si risolve nel suo concetto, allora l'architettura si rivela, forse, la forma rappresentativa piú efficace per capire il valore estetico dell'arte stessa.

Pensiamo al concetto di «terzo paesaggio» in architettura, introdotto da Gilles Clément nel suo manifesto del 2003[16]. Il terzo paesaggio indica la somma degli spazi abbandonati dall'uomo all'evoluzione spontanea del paesaggio. Per esempio, le aree urbane o rurali lasciate a se stesse, gli spazi di transizione, le paludi, gli argini, i terrapieni dei binari ferroviari. A queste aree abbandonate si possono aggiungere gli spazi inaccessibili e i luoghi periferici come le cime delle montagne, le lande incolte e i deserti. Rispetto ai territori sottomessi al controllo e allo sfruttamento dell'uomo, il terzo paesaggio costituisce un'area privilegiata di ricettività della diversità biologica. Da questo punto di vista, può essere considerato la riserva genetica del pianeta, lo spazio del futuro. Il giardino, metafora di una sinergia possibile tra natura e uomo, rappresenta questo spazio nuovo, un luogo privilegiato per pianificare una visione della vita umana che verrà. Spunta tra il cemento come un intruso, radicandosi tra i resti delle nostre costruzioni. Il giardino è il ricordo di ciò che siamo, ma anche il simbolo di ciò che possiamo diventare. Credo davvero che l'arte, in architettura, abbia spesso la funzione di sacralizzare gli spazi per riconvertirli[17].

Quando il filosofo tedesco Alexander Baumgarten ha usato per primo il termine «estetica» nell'accezione moderna aveva in mente qualcosa di diverso rispetto a ciò verso cui sto orientando la vostra visita al museo. Anche se resta legata alla teoria kantiana della percezione, con Baumgarten l'estetica assume il significato di dottrina del bello, inaugurando l'uso moderno del termine, che da questo momento indicherà la filosofia dell'arte. Ma non dobbiamo pensare che la filosofia dell'arte dimentichi del tutto la propria origine. L'estetica di Baumgarten compie un passaggio fondamentale: l'estetica è filosofia dell'arte proprio in quanto è teoria della percezione. Un nucleo comune resta e percorre tutta la storia dell'estetica come disciplina, ed è proprio Baumgarten a formalizzare per primo questo assunto. Accanto alla verità espressa dalla matematica o dalla filosofia della scienza è in gioco un altro tipo di verità. Quale? Ormai lo sappiamo: quella della sensibilità e dell'intuizione, che ci riconduce alla verità del *mistico* di cui parlava Wittgenstein.

Su questa affermazione vorrei articolare l'ultima parte della lezione. Se la matematica si occupa di una verità che ci sembra «seria», spesso l'estetica ci pare una verità di serie B. Della verità della logica, o meglio della verità che sta alla base del nostro linguaggio come un sistema semantico potenzialmente verificabile, parleremo quando sarà il momento. Adesso, invece, è il tempo di chiedersi perché ci dedichiamo cosí poco alla verità che riguarda i *sensibilia*, come se fosse qualcosa che non merita la nostra attenzione.

Tutto ha origine in Grecia, o meglio in Turchia[18]. Il pensiero filosofico nasce intorno all'idea che il *logos*, cioè la ragione, sia piú importante di tutte le altre qualità umane (*quod gratis adfirmatur gratis negatur*, recita un'espressione che si attribuisce a Euclide). L'uomo è un animale razionale, lo avrete sentito dire e ridire mille volte. Bene, questa affermazione è falsa. Non solo perché la decennale ricerca in psicologia evoluzionistica, o in teoria dei giochi[19], ha mostrato che il nostro sistema di scelte è spesso intuitivo e non razionale, ma anche e soprattutto perché nella nostra vita «essenzialmente… cerchiamo sentimenti»[20].

Non voglio, con l'etica prima e l'estetica poi, dimostrare una superiorità delle scienze umane rispetto alle cosiddette scienze dure. Vorrei soltanto sottolineare che alcune discipline sono ingenuamente sottovalutate, mentre andrebbero integrate in un unico sistema: la famosa «teoria della conoscenza». Mi piacerebbe, a tal proposito, richiamare un'immagine di Richard Feynman:

> Ho un amico artista che alle volte dice cose con le quali non sono molto d'accordo. Magari raccoglie un fiore e dice: «Guarda com'è bello», e sono d'accordo. Ma poi aggiunge: «Io riesco a vedere che è bello proprio perché sono un artista. Voi scienziati lo scomponete in tanti pezzi e diventa una cosa senza vita» – e allora penso che abbia le traveggole. Per cominciare, la bellezza che vede lui è accessibile a chiunque e quindi anche a me, credo. Non avrò un senso estetico raffinato come il suo, ma sono comunque in grado di apprezzare la bellezza di un fiore. Per di piú vedo nel fiore molte cose che lui non riesce a vedere. Posso immaginare le cellule, là dentro, e i complicati meccanismi interni, anch'essi con una loro bellezza. Non esiste solo la bellezza alla dimensione dei centimetri, c'è anche su scale piú piccole, nella struttura interna o nei processi. Il fatto che i colori dei fiori si siano evoluti per adescare gli insetti impollinatori, ad esempio, è interessante. Significa che gli insetti vedono i colori. E allora uno si chiede: il senso estetico dell'uomo vale anche per le forme di vita inferiori? Perché è estetico? Domande affascinanti che mostrano come una conoscenza scientifica, in realtà, dilati il senso di meraviglia, di mistero, di ammirazione suscitati da un fiore. La scienza può solo aggiungere. Davvero non vedo come e che cosa possa togliere[21].

Già. La scienza può solo aggiungere. L'importante è avere presente che scienza ed estetica possono integrarsi perfettamente. Altrimenti qual è il valore aggiunto della scienza? L'estetica, però, al contrario di ciò che crede Feynman con un pregiudizio positivista, non è soltanto la contemplazione di qualcosa, come un fiore. Non a caso, si occupa piú di artefatti (come le opere) che di oggetti naturali. In tal senso, è bene distinguere almeno due estetiche: una orientata all'analisi del mondo naturale che ci si manifesta, l'altra orientata al mondo degli artefatti, che appare tramite noi. Non è una distinzione tra natura e cultura, ma un buon metodo per non confondere le acque come fa Feynman quando ridimensiona ingiustamente gli obiettivi della ricerca estetica. A tal proposito, non dimentichiamo l'insegnamento che Leopardi ci ha trasmesso nella *Storia del genere umano*, la prima delle *Operette Morali*, in cui Giove dona agli uomini «Verità» come punizione e «Amore» come consolazione. Se parafrasiamo la metafora e interpretiamo «verità» e «amore» con «scienza» ed «estetica» scopriamo che l'estetica come disciplina serve a comprendere e a orientare le nostre sorti.

L'immagine dell'uomo a una dimensione, cioè soggetto al dominio indiscusso della ragione, è dannosa. E l'estetica offre la possibilità di salvarci da questo danno. La nostra società occidentale è costruita sul mito della ragione. Per averne una prova, basta dare uno sguardo ai finanziamenti alla ricerca, che molto spesso preferiscono incentivare i progetti che sviluppano gli automi da inviare su Marte, anziché sostenere chi studia la smaterializzazione dell'arte contemporanea. Eppure, la crisi dell'Occidente e di quelli che siamo abituati a definire i «nostri valori» dipende, in larga misura, dall'ingenua sopravvalutazione del potere della razionalità.

Forse la convinzione errata che alimenta lo scetticismo nei confronti dell'estetica si basa sulla tesi secondo cui la verità è soltanto scientifica. Pensateci un attimo. Fin da piccoli, a scuola, veniamo educati a imparare le poesie a memoria, mentre le tabelline, ci dicono, dobbiamo capirle, altrimenti sono inutili. Ma è davvero cosí? Perché non dovremmo capire anche una poesia? Che funzione hanno i romanzi, le opere d'arte e tutti i fenomeni estetici umani, per il nostro apprendimento? Se l'umanità fosse soltanto capacità di calcolo e conoscenza scientifica, non sarebbe poi cosí diversa da un esercito di replicanti. Pensiamo alla letteratura fantascientifica, nella quale spesso distinguiamo un essere umano da un robot sulla base della sua capacità di provare emozioni. Quando questa distinzione vacilla, come in *Blade Runner*, è un problema. La creazione di scenari alternativi in cui la fantasia diventa un modo per sperimentare un altrove, assegna all'estetica un ruolo fondamentale nell'universo delle scienze umane. L'intelligenza è la capacità di vedere strade alternative, e la filosofia aiuta l'intelligenza perché insegna la strategia. Questo significa che anche l'intelligenza, che è la vera e propria capacità di «stare al mondo», si impara, e che la filosofia è un ottimo sentiero da percorrere per cominciare a imparare. Educare alla «molteplicità delle opzioni» vuol dire educare alla tolleranza, stupirsi della novità senza giudicarla. La filosofia diventa, attraverso l'estetica, un modo di avvicinarsi con meraviglia alla diversità.

Non voglio anticipare temi che tratterò nella lezione sul futuro, ma metto in chiaro fin da subito che l'indagine di ciò che ci si manifesta richiede anche lo studio delle potenzialità percettive del soggetto. Se però è vero quanto ho detto finora, la percezione non è solo una proprietà visiva o, piú genericamente, sensoriale. La percezione è una proprietà intellettuale. Indagare le potenzialità percettive significa indagare le potenzialità intellettuali.

L'arte mostra un varco, certo, ma solo a chi è in grado di vederlo. L'occhio ragiona a modo suo. Dunque un altro compito dell'estetica è quello di educare alla visione. Gli sbadigli che torturano i visitatori del MoMA di New York sono molto piú che una banale manifestazione di noia. Sono la prova della resistenza al cambiamento. Pensiamo per un attimo a *Salò o le 120 giornate di Sodoma* di Pasolini. Pare che molte persone, una volta arrivate alla terza parte del film, «Il girone della merda», non riescano piú ad andare avanti. A mio avviso questa difficoltà non dipende dal disgusto, o almeno non soltanto, ma piuttosto dalla comprensione della cruda metafora elaborata dal regista: il sistema totalitario diretto, o indiretto (la democrazia degenerata), obbliga letteralmente a «mangiare la merda». Il valore dell'estetica non si esaurisce nell'apertura di varchi positivi, ma si rivela anche nella prefigurazione delle direzioni negative imboccate dalla nostra specie. Allora si comprendono, spero, tutte le potenzialità dell'estetica, la cui analisi è molto piú ampia rispetto alle pretese dell'amico artista di Richard Feynman.

Torniamo a Londra, alla Tate Modern, e a quel bicchiere d'acqua che abbiamo guardato con sospetto. Ovunque, intorno a noi, un certo numero di stravaganti opere d'arte grida vendetta sul presente. Alcune, come dicono molti psicologi, vi comunicano *affordance*[22], cioè sono loro stesse a semplificare la relazione tra voi e ciò che rappresentano attraverso segnali piú o meno espliciti. Altre volte, i segnali sono tutti nel discorso che è alla base di questa lezione – ed è il motivo per cui l'estetica va studiata. Come un ingegnere coglie piú dettagli di un estetologo al Museo della Scienza e della Tecnologia

Leonardo Da Vinci di Milano, cosí l'estetologo ne coglierà di piú alla Tate Modern. Poi, però, esiste una via di mezzo. Siamo noi che, dopo aver fatto questo percorso, sappiamo almeno in parte cosa aspettarci davanti a quelle opere che troppe persone giudicheranno come inutili esercizi di stile – e invece sono esercizi di futuro.

Andiamo indietro con la memoria. Vi ricordate l'esperimento mentale che ha guidato la lezione sull'etica? Immaginiamo per un attimo che alla guida della moto ci fosse Marina Abramović e che l'incidente, in modo del tutto incredibile, altro non fosse che una performance simile a quella messa in scena in *The Artist is Present*[23], nella quale l'artista è rimasta seduta su una sedia per tre mesi, impassibile, immobile, mentre a turno i visitatori potevano accomodarsi di fronte a lei finché lo ritenevano necessario.

Supponiamo che con la sua performance Abramović abbia deciso di testare, all'insaputa dei partecipanti, la sensibilità al dolore dell'altro. Come luogo, per vostra sfortuna, ha scelto la strada che state percorrendo verso il vostro meritato weekend di riposo. Ammettiamo che, forti della lezione sull'etica, decidiate di fermarvi, di soccorrerla e portarla all'ospedale. Soltanto a destinazione, sfumata la vacanza, l'artista si rivela e vi spiega che siete parte di un'opera d'arte sul futuro morale dell'umanità. Ecco. Se riuscite a non arrabbiarvi, se addirittura vi sentite privilegiati, significa che avete compreso in un colpo solo le lezioni sull'etica e sull'estetica.

Marina Abramović, *The Artist is Present*, New York, MoMA, 9 marzo 2010.
© SIAE 2016. (Foto © Bennett Raglin / WireImage / Getty Images).

[1] Ritengo che il miglior libro italiano sull'argomento resti S. Chiodo, *Che cos'è arte?*, Utet, Torino 2007. Consiglio anche T. Andina, *Filosofie dell'arte: da Hegel a Danto*, Carocci, Roma 2014.

[2] Come sostenuto nell'ormai storico M. Ferraris, *Estetica Razionale*, Raffaello Cortina, Milano 1997.

[3] Teorie che schiacciano le definizioni ontologiche dell'arte su ciò che viene ritenuto artistico dal sistema di potere spesso identificato come «mondo dell'arte». Cfr. N. Carroll, *Philosophy of Art: A Contemporary Introduction*, Routledge, Londra 2012, pp. 42 sgg.

[4] Il che dovrebbe far riflettere in modo ancora piú radicale sulla sovrapposizione del campo di indagine della fenomenologia con quello dell'estetica.

[5] Cfr. D. Marconi, *Lexical Competence*, MIT Press, Boston 1997.

[6] «Mondo interno» è una locuzione molto tecnica in filosofia, che si riferisce al complesso di fenomeni mentali ed emotivi di un individuo specifico. Cfr. R. Stalnaker, *Our Knowledge of the Internal World*, Stanford University Press, Stanford 2009.

[7] F. Nietzsche, *Su verità e menzogna in senso extramorale* (1873), Adelphi, Milano 2015, p. 25.

[8] Mi riferisco all'opera di Maurizio Cattelan «L.O.V.E.», comunemente nota come «Il dito».

[9] La definizione di filosofia come produzione di concetti, che mi pare tutto sommato convincente, è la tesi metafilosofica difesa in G. Deleuze, F. Guattari, *Che cos'è la filosofia?*, Einaudi, Torino 1996.

[10] I recenti e discussi *Quaderni neri* di Heidegger, pubblicati in Italia nel 2015 da Bompiani, sono a mio avviso da leggere tutti alla luce dell'idea heideggeriana che il nulla sia piú importante dell'essere. Un aspetto che esula dalle mie lezioni, ma che mi sembra decisivo per ridare il portato metafisico a un'opera ormai appiattita unicamente sul piano politico.

[11] Il buco è una forma di pieno, perché letteralmente scavato entro il pieno. Cfr. R. Casati, A. Varzi, *Buchi e altre superficialità*, Garzanti, Milano 2000.

[12] L. Wittgenstein, *Tractatus*, 6.421.

[13] Tesi di M. Ferraris, in *Estetica razionale* cit.

[14] Alcune di queste teorie sono esposte in M. Ferraris, *Lasciar tracce: documentalità e architettura*, Mimesis, Milano-Udine 2012.

[15] L. Wittgenstein, *Pensieri diversi*, Adelphi, Milano 1980, p. 108.

[16] G. Clément, *Manifesto del Terzo paesaggio*, Quodlibet, Macerata 2005.

[17] Pensiamo anche alla città di Kassel, in Germania, dove la piú importante manifestazione d'arte contemporanea – «Documenta» – ha avuto proprio la funzione di far rinascere una città piegata dalla distruzione della Seconda guerra mondiale.

[18] Era per l'esattezza una costa occidentale della Turchia colonizzata dal mondo greco.

[19] Cfr. K. Binmore, *Teoria dei giochi*, Codice Edizioni, Torino 2008.

[20] M. Ferraris, *L'opera d'arte come fidanzata automatica*, in «Rivista di Estetica», n. s., 26(2), XLIV: 1-18, p. 11.

[21] Sbobinatura e traduzione mia da un'intervista a Richard Feynman del 1981: https://www.youtube.com/watch?v=ZbFM3rn4ldo.

[22] Cfr. J. J. Gibson, *L'approccio ecologico alla percezione visiva*, Mimesis, Milano-Udine 2014, che lega in un solo gesto psicologia, estetica e filosofia.

[23] L'imponente retrospettiva che il MoMA le ha dedicato nel 2010.

Ontologia

Cosa esiste, se esiste davvero qualcosa?
Cosa sono le cose che sono?
Perché classifichiamo ogni cosa?

Or se' giunta, anima fella!
DANTE ALIGHIERI, *Inferno*

Qualche mese fa, durante un importante convegno di ontologia che si svolgeva presso l'Università di Bergamo, avevo bisogno di una pausa. Uscito dal dipartimento, ho preso l'autobus e sono andato alla città alta. Mentre passeggiavo alla scoperta del borgo antico, un'anziana signora, fissando la mia borsetta di tela con la scritta «Convegno di ontologia», si avvicina e mi dice: «Grazie di cuore per quello che fate ogni giorno». Ho ringraziato, ma ho capito subito che la vecchina non aveva una passione nascosta per la metafisica. Mi aveva scambiato per un ricercatore di oncologia. Poco male, perché l'obiettivo della lezione è quello di mostrare che anche gli ontologi andrebbero ringraziati da tutti.

In questa lezione, come nelle altre due, ci avvicineremo all'ontologia attraverso il mondo che esperiamo ogni giorno. Immaginiamo di sederci intorno a un tavolo pieno di oggetti. Alcuni sono diversi tra loro, altri si somigliano cosí tanto da sembrare uguali. Le domande che possiamo farci su questi oggetti sono molte. Quanti sono? Di che colore sono? A chi appartengono? Ma prima dobbiamo porci due domande, due domande speciali, per capire che cosa sia la riflessione filosofica pura, l'ontologia.

Che cosa c'è sul tavolo?

Che tipo di cose sono le cose che sono sul tavolo?

La prima domanda riguarda l'ontologia. La seconda, invece, la metafisica. Si tratta di una distinzione puramente strumentale, perché quando mi chiedo che cosa c'è sul tavolo, posso farlo soltanto attraverso una serie di qualità che rendono manifesto anche il profilo metafisico dell'oggetto che voglio definire[1]. In ogni caso, proviamo a non complicare da subito la questione.

L'ontologia è la scienza dell'essere. Studia gli oggetti del mondo, li cataloga e li distingue. Ne afferra l'essenza. Spesso si presenta come una scienza formale e molto complessa, ma per coglierne la sfida sarà sufficiente andare fino in fondo al nostro esempio del tavolo.

Quando ci chiediamo che cosa esiste, la prima risposta non può che essere «Tutto»[2], cioè tutto ciò che esiste. Il lavoro dell'ontologo comincia alla luce di questa apparente tautologia.

Partiamo da Google. Vi siete mai chiesti come funziona? Avete questa barra davanti, in cui inserite una parola, qualcosa che volete conoscere, e dopo pochi secondi vi ritrovate centinaia di pagine ordinate per importanza, pronte a saturare la vostra curiosità. Che cosa c'è dietro a tutto ciò, ammesso che la magia non sia una buona risposta? Per una ricerca ordinaria esistono milioni di pagine web con informazioni utili, simili, spesso equivalenti. Come arriva fino al vostro monitor ciò che cercate? Vi arriva attraverso gli algoritmi, cioè formule combinate secondo processi informatici che trasformano le vostre domande in risposte. Tutto ciò avviene grazie a un'ontologia che classifica, raggruppa e seleziona per categorie i milioni di informazioni che formano il web.

Come funziona la classificazione? Si tratta sempre di una classificazione oggettiva? Mi spiego meglio. Il fatto che distinguiamo gli oggetti per mezzo di certe categorie significa che questi oggetti sono *davvero* diversi tra loro? E, per di piú, vuol dire che sono proprio come noi li descriviamo?[3].

Osservando la superficie del tavolo a cui siamo seduti, qualcuno di voi potrebbe raggruppare gli oggetti che abbiamo davanti secondo categorie, per cosí dire, non molto utili alla comunità. Per esempio, potrebbe identificare «gli oggetti che gli piacciono». In questo modo state sí facendo ontologia, ma l'ontologia come disciplina cerca di arrivare al cuore delle cose, a quello che Hegel chiamava il «concetto». In un certo senso, ogni volta che utilizziamo una qualsiasi categoria per classificare un oggetto parliamo delle cose come speriamo che esse siano davvero, a prescindere da noi.

Per iniziare a comprendere i termini della questione, chiediamoci se sul tavolo ci sono oggetti classificabili come naturali, sociali o artefatti.

Supponiamo che gli oggetti siano tre: una multa, una pietra e un giocattolo per bambini. Sono tutti oggetti che si possono toccare, eppure la loro struttura ontologica è profondamente diversa. La multa non esisterebbe senza di noi, mentre il sasso sarebbe comunque un sasso. Il giocattolo ha una forma che deriva da una lavorazione appartenente alla nostra cultura.

Certo, si potrebbe obiettare che natura (il sasso) e

cultura (l'artefatto per bambini) non sono poi cosí diverse, ma in questo modo evitiamo di capire perché è cosí importante disporre di scaffali differenti dove collocare gli oggetti del mondo. Viviamo in un mondo classificato e in continua classificazione, però ignoriamo i modi e le procedure che stanno alla base di questo lavoro.

La multa è un oggetto sociale. Qualunque sia la teoria che ne descrive il funzionamento, sappiamo benissimo che l'oggetto è molto piú di quello che dà a vedere. Si tratta di un pezzo di carta, eppure il mondo che gli sta dietro è gigantesco: norme, leggi, società, regolamenti. La multa, da sola, ci comunica un'infinità di informazioni complesse, tutte inventate da noi. L'essenza della multa si regge sulla credenza condivisa che «una multa sia una multa».

I sassi appartengono al mondo naturale e il mondo naturale ci trascende. Era qui prima di noi e dopo di noi continuerà a esserci. Da questo punto di vista, la natura ridimensiona le pretese dell'antropocentrismo, resiste al nostro antirealismo. La natura è cosí potente, che non ci basta chiudere gli occhi per cancellare un terremoto, la morte o una crisi ecologica.

Il giocattolo per bambini, invece, è tutta un'altra storia. È vero, l'abbiamo costruito noi, ma esso porta con sé un insieme peculiare di assunzioni e rappresentazioni che lo rendono transculturale. La nostra multa non vale in Cina, ma un giocattolo (un camioncino, per esempio) è un giocattolo ovunque.

L'ontologia classifica il mondo. Fonda il pensiero tecnico-scientifico, che procede attraverso categorie. Tenta di comprendere quanto questo classificare dipenda da noi e quanto, invece, ci trascenda. Per classificare esistono molti modi. Le proprietà degli oggetti si distinguono tra necessarie, contingenti e inutili. Facciamo ora l'ipotesi che sul tavolo, davanti a noi, ci siano due giocattoli per bambini: due palline, una rossa e una blu. Appartengono entrambe all'insieme delle palline, ma allo stesso tempo la loro differenza cromatica fa sí che esse siano elementi di due sottoinsiemi separati. Gli oggetti possono appartenere a diversi insiemi contemporaneamente e questo, spesso, complica il lavoro del ricercatore di ontologia.

Sarebbe ingiusto, però, presentare l'intera ontologia soltanto come la disciplina che classifica gli enti del mondo, perché questa è la direzione che l'ontologia assume in particolare nella filosofia analitica. Eppure, nella *Scuola di Atene* di Raffaello i gesti di Platone e di Aristotele, che indicano l'uno verso l'alto e l'altro verso il basso, testimoniano una verità fondamentale. Anche se Platone si rivolge al mondo delle idee e Aristotele guarda all'esperienza, entrambi mostrano che la domanda dell'ontologia è sempre la stessa: qual è la natura delle cose che sono nel mondo?

Se Platone si fosse seduto al nostro tavolo, nel sasso avrebbe visto una manifestazione particolare e apparente dell'idea di sasso, perché le cose del nostro mondo sono figure imperfette, sbiadite riproduzioni del mondo delle idee. Aristotele, invece, avrebbe riso di questa posizione, sostenendo che è proprio a partire dal sasso in quanto ente particolare che impariamo a orientarci nell'esperienza per conquistare una conoscenza universale.

La domanda fondamentale che attraversa il sentiero dell'ontologia riguarda la natura delle cose del mondo.

Oggi l'ontologia ha di fronte a sé una questione ulteriore. Perché la classificazione dovrebbe essere qualcosa di positivo? La risposta può sembrare banale. Abbiamo bisogno di classificare gli enti che ci circondano perché dobbiamo orientarci nel mondo. Il nostro cervello sembra un congegno costruito per progettare categorie. Pensate che cosa ne sarebbe di voi se, fin da piccoli, non foste stati capaci di capire che un coltello e una forchetta appartengono a due sottoinsiemi diversi dell'insieme «posate». Addentato il coltello, come dire, l'ontologia si sarebbe esaurita per mancanza di ontologi.

Ci sono altri problemi ai quali l'attività classificatoria dell'ontologia contemporanea deve rispondere, primo tra tutti quello delle sue implicazioni politiche. Basti pensare alle categorie, spesso false e mal concepite, di «razza» o «genere» e al loro facile abuso. Ma attenzione, non bisogna cadere nel tranello dell'uso politico dell'impolitico, che sarebbe il risultato di un impiego strumentale dell'ontologia. Non ha senso dire che la classificazione del mondo è negativa a prescindere, perché è alla base della discriminazione. Se si classifica bene è impossibile discriminare nei modi ordinari a cui siamo abituati. Spesso è il concetto di genere a seguire quello di sessismo, e non viceversa. L'ontologia teorica è impolitica nel senso che viene prima della politica stessa. Impolitico è tutto ciò che precede e anticipa il giudizio umano, dunque anche l'ontologia come piano dell'essere.

La disciplina, di per sé, indaga la struttura fondamentale del mondo a partire dalle categorie, convenzionali o reali, attraverso cui il mondo stesso si esprime. La difficoltà principale, che distingue l'ontologia dall'estetica, è che in questo caso non possiamo fare riferimento al modo in cui noi guardiamo le cose, e neanche al modo in cui il mondo si fa guardare, ma dobbiamo cercare di dire qualcosa sull'essere in quanto essere.

E allora perché non affidarsi alla scienza? Perché la scienza non basta. Un'equazione che descrive il mondo è un fenomeno molto piú vicino all'estetica che all'ontologia. Un'equazione è sempre una descrizione di qualcosa, e mai quello stesso qualcosa. Ecco, l'ontologia, invece, mira a «quel qualcosa». Si tratta di una missione impossibile? Possiamo predicare qualcosa delle cose del mondo come esse sono a prescindere da noi? La contraddizione c'è, inequivocabile, ma ci tocca abitarla.

Torniamo al nostro esempio. Che cosa c'è sul tavolo, indipendentemente dal fatto che possiamo vederlo? Per rispondere, rifletteteci bene, non potete evitare di pensare a che cosa vedete. È un circolo vizioso. L'ontologia è una disciplina astratta, ma non per questo è meno importante di una descrizione.

Chiedersi se il mondo esisterebbe senza di noi è come domandarsi se c'è vita dopo la morte. La risposta è impossibile. Come non siamo mai morti (mettiamo da parte le teorie della reincarnazione), cosí non siamo mai stati al mondo senza essere nati. L'astrazione è una necessità. Abbiamo bisogno di farci un'immagine del mondo senza di noi.

Per il momento è essenziale capire questo argomento. Quando tentiamo di legiferare sulle classi ontologiche che dovrebbero esistere indipendentemente da noi – gli oggetti naturali, ma anche gli ideali –, stiamo cercando di stendere un velo d'ignoranza[4] su tutte quelle caratteristiche che ci impedirebbero di considerare realmente incondizionati gli oggetti. Cerchiamo di neutralizzare le qualità che dipendono da noi. Tuttavia, c'è un problema. Per predicare qualcosa che, in relazione a certi oggetti, ci trascende, dobbiamo per forza utilizzare formule derivanti dalla conoscenza scientifica che abbiamo acquisito sul mondo. Pensiamo alla formula dell'acqua, H_2O[5]. L'ontologia risiede nell'intercapedine tra una formula e l'oggetto che vuole descrivere.

L'ontologia non è l'oggetto stesso. È la disciplina che esprime il tipo di oggetto che vogliamo catturare. In natura non ci sono descrizioni, perciò non esistono neanche oggetti in senso stretto. C'è invece un'enorme massa che si differenzia a seconda dell'occhio che la percepisce e non è detto che ciò che percepiamo corrisponda alla natura effettiva degli oggetti.

Alcuni filosofi contemporanei hanno parlato di «indistinzione»[6], allo scopo di mostrare che l'ontologia, in fin dei conti, si rivela un'attività epistemologica. Ci sarà pure un modo in cui il mondo è fatto in sé e per sé, ma ognuno di noi non può che conoscerlo a modo suo. Ecco la piú classica delle domande: *che fare?* L'unica strada da percorrere è quella che accetta il compromesso e tenta, nonostante tutto, di raggiungere il cuore delle cose.

A questo punto, possiamo affrontare la distinzione tra ontologia come disciplina e ontologia come piano dell'essere. Noi ci muoviamo sempre nel territorio della prima per raggiungere la seconda, come se avessimo una mappa che ci consente di orientarci. La mappa non è il territorio, eppure lo descrive. Per quanto approssimativa, la sua descrizione è necessaria per esplorare il mondo e migliorarne le descrizioni future.

Il termine «ontologia», contro ogni aspettativa, è abbastanza recente. Fu coniato agli inizi del XVII secolo da Jacob Lorhard nella prima edizione della *Ogdoas Scholastica* e cominciò a diffondersi soltanto nel 1613, con Rudolph Göckel e il suo *Lessico filosofico*. Per capire quanto il termine sia recente rispetto alla storia millenaria della filosofia, basta ricordarsi che l'utilizzo della parola «ontologia» divenne comune soltanto dopo la pubblicazione nel 1729 del trattato di Christian Wolff, *Philosophia prima, sive Ontologia*.

Allora i filosofi come facevano ontologia, prima dell'«ontologia»? Se ve lo state chiedendo, vi state facendo una buona domanda. Come si fanno le cose prima che venga dato loro un nome?

Torniamo agli albori della filosofia e consideriamo un caso esemplare. Parmenide (505-504 a.C.), col suo attacco al «divenire» ripreso secoli dopo da Emanuele Severino[7], stava anticipando Quine, l'ontologo contemporaneo piú famoso che ha rilanciato la disciplina col suo celebre articolo del 1948 *On What There Is*, pubblicato sulla «Review of Metaphysics».

Nel suo poema *Sulla natura* Parmenide ci ha lasciato una celebre sentenza: «L'essere è e non può non essere. Il non essere non è, ed è necessario che non sia»[8]. Tutta la riflessione di Parmenide ruota intorno a un interrogativo: qualcosa che non è può forse essere? Per farci un'idea di che cosa il filosofo di Elea intendesse con «non essere», pensiamo al fenomeno della nascita. Per nascere, cioè per accedere all'essere, deve avvenire un passaggio dal non essere all'essere. Infatti, «ciò che è» esiste eternamente e in virtú di se stesso. Insomma, l'essere non può nascere, perché esiste da sempre e non cesserà mai di esistere. Cosí abbiamo introdotto un concetto molto problematico per Parmenide: la nascita, intesa come transizione dal non essere all'essere, è un esempio del «divenire». Nel poema, il filosofo invita il suo discepolo a percorrere la via della Persuasione per raggiungere la conoscenza della Verità. Per capire che il divenire è un inganno delle nostre percezioni, dobbiamo rinunciare alle suggestioni della nostra sensibilità e ricorrere al *noeîn*, il pensiero. La natura dell'essere e il suo legame indissolubile con il pensiero si capiscono soltanto cogliendo l'originaria inseparabilità tra ontologia, logica e linguaggio che attraversa il poema parmenideo. L'essere è la realtà piú concreta, manifesta nella sua forma vera, eterna, immobile e compatta. Possiamo dire soltanto che l'essere è. Una delle possibili interpretazioni di questa affermazione è che esiste tutto. L'ontologia, quindi, è una specie di contemplazione. I cinque sensi colgono solo il divenire, perciò sono ingannevoli. L'assoluto trascende la nostra sensibilità.

Allora, l'ontologia che precede l'invenzione del termine non aveva l'obiettivo di classificare gli oggetti sul nostro tavolo. Si poneva una questione leggermente diversa, molto cara ai filosofi continentali: perché *qualcosa* piuttosto che *nulla*? Perché esiste un universo, nel quale siamo seduti a questo tavolo a porci certe domande, invece che un immenso nulla? Questa forma di ontologia, lo capirete bene, ha un retrogusto che oscilla tra il teologico (perché Dio ha creato il mondo?) e il cosmologico (com'è nato l'universo?) Eppure è solo un retrogusto. La domanda non riguarda né la creazione né l'origine del mondo, come nel caso del Big Bang. È lo stupore originario, la meraviglia, lo *thaumàzein*, il motivo per cui questa forma di ontologia comincia la propria indagine. Scrive Aristotele: «C'è una scienza che studia l'essere *in quanto* essere ... Il termine essere è usato in molte accezioni, ma si riferisce in ogni caso a una realtà sola e a un'unica natura»[9].

È di questo *in quanto* che ci stiamo occupando. Dobbiamo andare a fondo dell'*in quanto*, da un lato per raccontare l'essere con l'ontologia descrittiva, dall'altro per organizzarlo con l'ontologia prescrittiva. Questa operazione può avvenire assumendo certe metaontologie, cioè ontologie che classificano ontologie locali, e scegliendo certe procedure, cioè le metodologie dell'ontologia.

Seduti al tavolo, possiamo dire che cosa vediamo oppure che cosa dovremmo vedere. Per esempio, possiamo affermare che non c'è un foglio di carta, ma una multa. Ogni volta che elaboriamo una descrizione, lo facciamo necessariamente attraverso un modello.

Se siamo arrivati fino a questo punto senza il mal di testa, abbiamo conquistato – almeno nei suoi elementi essenziali – la cassetta degli attrezzi dell'ontologia. Il nostro tavolo non ha piú segreti. Certo, alcune domande rimangono ancora senza risposta. Si tratta di domande che, appena formulate, sembrano dei rompicapi. L'esistenza è una proprietà reale degli oggetti? Quali sono le relazioni tra un oggetto e le sue proprietà? Possiamo distinguere con precisione tra proprietà essenziali e proprietà contingenti di un oggetto?

Immaginiamo di ordinare una pizza. Che cosa aggiungerebbe alla richiesta di una marinara con capperi e olive la precisazione di una marinara «reale»? E quali sono le proprietà essenziali per «essere una marinara»?

In che relazione sono le proprietà «possesso di capperi e olive» con questa sua presunta essenza?

Non sto banalizzando l'ontologia parlando di una pizza, perché non ci sono buoni argomenti per cui la filosofia dovrebbe occuparsi in modo piú dignitoso del *Dasein* (esserci), piuttosto che di una marinara. Al contrario, spesso le argomentazioni piú interessanti arrivano dal senso comune. Di sicuro non risolveremo la questione delle proprietà necessarie di un oggetto con la pizza marinara. O meglio, non lo risolveremo con una «sola» pizza marinara. Io e qualcuno di voi, per esempio, potremmo ordinare due marinare che sembrano uguali. Che cosa le distingue effettivamente? Perché potremmo scambiarle senza problemi?

L'identità tra due enti può essere sancita in molti modi. Leibniz, per esempio, ha elaborato il principio dell'identità degli indiscernibili, che si può leggere in due versi, da destra verso sinistra e viceversa. La formula è complessa, ma torneremo in fretta alla marinara. Secondo Leibniz due enti A e B sono identici se e solo se ogni predicato valido per A è valido anche per B.

Noi che abbiamo ordinato le due pizze marinare, possiamo mangiare indifferentemente l'una o l'altra. Le consideriamo interscambiabili. Questo accade perché possiamo predicare le stesse proprietà di entrambe le pizze, le quali appartengono all'insieme «pizza marinara». Possiamo scambiarle facilmente soltanto perché quella che stiamo definendo è la loro identità debole. Alla prova dell'identità forte, dell'uguale vero e proprio (=), non c'è alcun principio che regga. Ci sarà sempre almeno una proprietà essenziale della marinara, per esempio il fatto di essere stata prodotta a quell'ora e in quel modo, a distinguerla da un'altra marinara.

Nulla è semplice in ontologia. Ogni volta che parliamo dell'essere, simultaneamente stiamo cercando di descrivere anche il divenire, ossia l'essere in movimento. «Nulla che è in grado di differenziarsi da sé può essere definito semplice»[10]. Essere, dunque, non basta. Tutto è, e il nostro accesso a quel tutto è ridotto e limitato in modo non tanto diverso rispetto a quello che diceva Parmenide. L'ontologia si scontra con i nostri limiti, quelli che provengono dalla nostra forma di vita. Tuttavia, ci spinge a sperimentare punti di vista differenti. Classificare un oggetto adottando prospettive diverse ci rivela che ogni ente è una e infinite altre cose nello stesso momento.

Oggi l'ontologia è una scienza molto articolata. Il rischio che corre, in modo analogo alla linguistica e alle scienze cognitive, è quello di staccarsi definitivamente dalla filosofia. Addirittura, negli Stati Uniti esistono programmi di studio in ontologia finanziati dal governo con scopi apertamente militari[11].

Da filosofo, non posso evitare di scorgere in questi fenomeni delle incognite pericolose. Non soltanto per il vago sentimento pacifista del mio stare al mondo, ma anche per la moda discutibile che tende a sottrarre alla filosofia le sue piú nobili prerogative scientifiche. L'ontologia come scienza è rientrata soltanto di recente negli scopi della filosofia[12] e dubito che sia già arrivato il momento di liquidarla. La ragione è semplice. Qualunque sia la disciplina a cui un filosofo contemporaneo si dedichi, il punto di partenza della sua riflessione sarà sempre l'ontologia. Se vogliamo occuparci di etica, dobbiamo prima di tutto domandarci quali sono gli oggetti della nostra indagine. Lo stesso vale per il linguaggio, le scienze sociali e la filosofia della scienza. Senza ontologia avremmo una filosofia priva di fondamento. In poche parole, non avremmo la filosofia.

Ontologia significa fare chiarezza. Vuol dire evitare, con Pavese, che qualcuno possa dirci «oggi hai parlato troppo»[13]. Quali sono gli oggetti che definiamo, quando cerchiamo di classificare il mondo intorno a noi? Se ci poniamo questa essenziale domanda metodologica, evitiamo il rischio tecnico di dire «stronzate»[14], per citare Harry G. Frankfurt. Detto altrimenti, scongiuriamo la possibilità di perderci in discorsi filosofici vagamente profondi ma che in realtà non dicono nulla, perché il loro linguaggio non si riferisce ad alcun oggetto, non si riferisce a niente.

L'ontologia non ci permette di capire soltanto che cosa esiste, ma ci indica anche che cosa esiste all'interno del nostro universo del discorso. L'ontologia è la premessa necessaria affinché possiamo dire, affinché possiamo farci capire dagli altri. Comunicare con gli altri, da questo punto di vista, significa chiarire i concetti che sono in gioco all'interno di un certo dominio. Un dominio è l'insieme dei valori possibili che una variabile può assumere in modo tale che una funzione specifica sia definita secondo tali valori.

Ecco perché dietro a Google si nasconde molta filosofia. Un dominio ordinato è la condizione necessaria affinché la comunicazione sia possibile. Il legame tra ontologia, conoscenza e comunicazione sta nell'esigenza di concepire una struttura gerarchica di dati che raccolga tutte le entità e le relazioni esistenti tra loro. Ogni dominio ha le sue regole, i suoi assiomi e i suoi vincoli specifici. Essi definiscono in modo peculiare i rapporti tra gli enti che appartengono a quel dominio. Nel momento in cui si avvia un processo cognitivo o un processo comunicativo, questa struttura viene formalizzata per mezzo di appositi linguaggi semantici, che dovranno rispondere a certe leggi della logica formale. Perciò, a questo livello si parla di «ontologia formale»[15].

L'ordine è solo apparente. Non dobbiamo mai dimenticare che ci sono due possibili accezioni di ontologia. Nella prima accezione, l'ontologia indica l'essere che prescinde dalle nostre strutture cognitive e, per di piú, dalla nostra stessa esistenza. Nella seconda, «ontologia» può significare il modo in cui noi concepiamo l'organizzazione dell'essere. Il secondo significato spiega, tra l'altro, come mai sulla vostra pagina Facebook appaiano pubblicità che, in linea di massima, corrispondono ai vostri gusti. La prima accezione, al contrario, cerca di comprendere il mondo senza di noi, tentando di eliminare il filtro che il nostro esserci e la nostra capacità di conoscenza impongono alla definizione di che cosa sia «mondo».

Martin Heidegger è stato il capofila di questa versione piú poetica dell'ontologia. Nella sua conferenza *Essenza della verità*, tenuta nel 1930, l'Essere non è inteso come un oggetto, ma è indicato per mezzo di un'immagine di chiara derivazione neoplatonica. L'Essere è una sorta di «luce» in virtú della quale è possibile vedere gli oggetti, anche se noi non vediamo mai la luce in sé, ma solo gli oggetti che da questa vengono illuminati. Da tale prospettiva, ritorna forte e chiaro il tema dell'ontologia come astrazione. Al nostro tavolo noi non vedremmo l'essenza delle cose, ma solo ciò che ci è dato vedere.

Heidegger è a un passo dal misticismo. Il Sufismo, forma mistica della cultura islamica, divide la realtà in tre categorie. La prima è la realtà «esteriore» (*zahir*), ossia quella facilmente indagabile e classificabile. La seconda è quella «occulta e interiore» (*batin*), difficilmente accessibile e soggetta a una tassonomia esoterica. La terza è la realtà «piú vera delle cose» (*haqiqa*), il cui livello ontologico è raggiungibile solo attraverso l'esperienza mistica e l'intuizione[16].

Quello che Heidegger non ha compreso è che bisogna essere coscienti e responsabili dei nostri limiti. Non sto pensando solo al suo pensiero filosofico, ma anche alle sue scelte politiche. Tutta la storia della filosofia ci richiama al senso del nostro limite.

Noi non dobbiamo rivolgerci all'ontologia per conquistare la conoscenza vera e autentica dell'essere. Questa disciplina ci aiuta a stare al mondo perché ci rivela qualcosa su noi stessi. Ci rivela che noi esseri umani siamo limitati. Non è limitato solo il nostro tempo, ma lo sono anche le nostre capacità cognitive. Abbiamo l'obbligo morale di essere responsabili delle nostre ontologie, e anche dei nostri limiti nella conoscenza e nella classificazione degli enti che esistono insieme a noi[17]. L'ontologia è fondamentale per imparare a stare al mondo. Noi riusciamo ad abitare il mondo soltanto perché abbiamo una qualche idea su come esso sia costituito. Ontologia è consapevolezza della nostra esistenza. Vuol dire saper esistere di fianco agli altri. Significa saper coesistere.

Guardate il mondo, e cercate di comprenderne le forme. Fare ontologia inizia proprio da qui.

[1] La distinzione è messa magistralmente in discussione da Achille Varzi in A. Varzi, *On Doing Ontology without Metaphysics*, in «Philosophical Perspectives», 25 (2011), pp. 407-23.

[2] Il primo a esplicitare con chiarezza questa acquisizione della ricerca filosofica contemporanea è stato W. O. Quine in *On What There Is*, in «Review of Metaphysics» (54) 1948, pp. 21-38.

[3] Prima di Google una rivista cartacea ormai storica, il *Whole Earth Catalog* (ultima uscita nel 1986), si occupava proprio di classificare oggetti che aiutassero i lettori a trovare la loro guida per creare il loro ambiente di vita. Una specie di Google prima che venisse inventato che ci consente di capire, praticamente, come e con che meccanismi basilari funzioni un catalogo.

[4] Il concetto di «velo d'ignoranza», applicato all'etica, è sempre di John Rawls.

[5] Un esempio molto caro a D. Marconi. Cfr. Id., *Per la verità: relativismo e filosofia*, Einaudi, Torino 2007.

[6] M. Calarco, *Thinking Through Animals: Identity, Difference, Indistinction*, Stanford University Press, Stanford 2015.

[7] Cfr. E. Severino, *Essenza del nichilismo*, Adelphi, Milano 1995.

[8] Parmenide, *Della natura*, II, III.

[9] Aristotele, *Metafisica*, IV 2, 1003 a, 32-34. Il corsivo è mio.

[10] N. Sri Ram, *Death and Its Meaning*, in «Theosophical Digest», vol. 12, n. 3, 2000, pp. 19-27.

[11] Penso al National Center for Ontological Research o all'Army Net-Centric Data Strategy Center of Excellence. Uno dei piú grandi ontologi viventi, Barry Smith, sostiene che l'ontologia sia già una disciplina indipendente.

[12] A. Varzi, *Ontologia e metafisica*, in F. D'Agostini, N. Vassallo (a cura di), *Storia della filosofia analitica*, Einaudi, Torino 2002, pp. 81-117.

[13] Pavese, *Il mestiere di vivere* cit., p. 62.

[14] H. G. Frankfurt, *On Bullshit*, Cambridge University Press, Cambridge 2005. Sul tema cfr. anche il recente G. Pennycook et al., *On the reception and detection of pseudo-profound bullshit*, in «Judgment and Decision Making», vol. 10, n. 6, November 2015, pp. 549-63.

[15] Cfr. B. Smith, W. Ceusters, *Ontological Realism as a Methodology for Coordinated Evolution of Scientific Ontologies*, in «Applied Ontology», 5 (2010), pp. 139-88.

[16] A. Ventura, *Il Sufismo*, in «Buddismo e società», n. s. 101, *Per conoscere l'Islam*, dicembre 2003, p. 38.

[17] Forse l'ontologia come studio dell'ente in quanto ente resterà sempre incompiuta. Ma le ontologie regionali, cioè le scienze ideali che secondo Husserl individuano i fondamenti delle scienze particolari e delle regioni dell'essere che a queste corrispondono, meritano di essere indagate con tutta la nostra attenzione.

Linguaggio e logica

Che differenza c'è tra linguaggio e lingua?
Il nostro linguaggio è naturale o inventato?
Che rapporto c'è tra linguaggio e logica?

Il resto, manca.
SPINOZA, *Trattato sull'emendazione dell'intelletto*

Se pensate attraverso il linguaggio, allora il linguaggio influenza i vostri pensieri. Non si tratta di una mia intuizione, ma della tesi di Edward Sapir e Benjamin Lee Whorf, i due linguisti e antropologi americani che hanno attribuito allo sviluppo cognitivo di ciascun essere umano l'influenza della lingua che parla. La tesi forte, che ha il suo primo archetipo nel motto kantiano secondo cui «le intuizioni senza concetto sono cieche», è stata ormai confutata. Vorrei però introdurvi al tema della lezione partendo da una sua versione debole, espressa magistralmente dalle parole di Wittgenstein: «i limiti del mio linguaggio significano i limiti del mio mondo»[1]. Il linguaggio non è la casa, ma la gabbia dell'essere, perché le descrizioni sono sempre imprecise rispetto all'immensità dei fenomeni che osserviamo.

Il linguaggio – e di conseguenza la logica, come vedremo – costituisce una parte cosí ampia della riflessione filosofica contemporanea da aver rappresentato, intorno alla metà del Novecento, il motore di una vera e propria «svolta linguistica».

Partiamo da un esempio semplice. State leggendo

questo libro, ormai mi conoscete come il suo autore, e potete pensare a me come al «tizio delle cinque lezioni di filosofia». Ipotizziamo, per un attimo, che non vi ricordiate il mio nome. Domani, al bar, un vostro amico vi racconta che un «tizio gli ha rubato il portafoglio» e voi, ormai presi da queste lezioni, rispondete che «il tizio delle cinque lezioni di filosofia» vi ha spiegato come, secondo l'etica filosofica, l'errore morale del ladro sia ancora piú grave di quello che si possa pensare, perché mina «lo stare insieme» su cui poggia la nostra società.

Quello che non sapete è che il portafoglio l'ho rubato io. La conseguenza è che tutta la vostra discussione al bar è stata priva di senso. Parlavate della stessa persona, però non lo sapevate.

Secondo il padre della filosofia del linguaggio, Gottlob Frege, abbiamo assistito al tipico caso di due «sensi» diversi applicati a un significato univoco, detto anche denotazione possibile[2].

«il tizio che ha rubato il portafoglio» (S1) < Autore di *La vita di ogni giorno* > «il tizio delle cinque lezioni di filosofia» (S2)

Ci sono almeno due sensi in cui il nome proprio, ossia la descrizione definita «Autore di *La vita di ogni giorno*», può essere pensato. Il primo senso, indicato nello schema con S1, è «il tizio che ha rubato il portafoglio», mentre il secondo, detto S2, è «il tizio delle cinque lezioni di filosofia». Tuttavia, se in una discussione due parlanti diversi fanno un uso inconsapevole delle due descrizioni, e le applicano senza sapere che hanno un unico riferimento, il senso della discussione è perduto.

Casi come questo hanno spinto i filosofi della «svolta linguistica» (*linguistic turn*) a pensare che molti problemi della ricerca filosofica fossero, in realtà, pseudoproblemi derivati da un cattivo uso del linguaggio. Per esempio, Rudolf Carnap sostenne che la nota espressione di Heidegger «il nulla nulleggia», una volta messa in forma logica non significasse nulla. E come dargli torto. Rispetto all'idea che il linguaggio eserciti un'influenza decisiva sul pensiero, l'approccio del *linguistic turn* si muove su un piano piú pragmatico. Se non capiamo di cosa parliamo, parliamo a vanvera.

Con Frege, poi con Bertrand Russell e gli altri protagonisti della filosofia analitica[3] ha inizio un programma di ricerca tutto dedicato all'analisi dei riferimenti del linguaggio ordinario, che riesce a chiarire, e talvolta addirittura a risolvere, problemi filosofici millenari. Pensiamo a come Edmund Gettier sia riuscito a spiegare, in tre paginette[4], cosa sia una credenza vera e giustificata utilizzando alcuni dei meccanismi che analizzeremo in questa lezione.

Ma come funziona il linguaggio? Quello rappresentato sopra è uno schema logico e la logica è stata a lungo considerata lo strumento per risolvere l'oscurità semantica dei linguaggi naturali. Nei secoli sono state elaborate moltissime soluzioni, che hanno visto avvicendarsi logiche diverse e tentativi spesso fallimentari di giungere a un unico sistema formale capace di rendere conto della complessità del nostro linguaggio naturale.

Per non perdermi in una pedante esposizione di storia del pensiero logico, farò soltanto un esempio e vi presenterò la teoria delle descrizioni di Bertrand Russell.

Supponiamo che domani mattina, mentre facciamo colazione, il nostro compagno entri in cucina ed esclami, tutto preoccupato, che l'imperatore del Burkina Faso è morto. Purtroppo, pochi di noi sanno che in realtà il Burkina Faso è una Repubblica. Di conseguenza, ci ritroveremmo a discutere su un enunciato – «L'imperatore del Burkina Faso è morto» – che in realtà non verte su alcunché. Piú tecnicamente, il nostro enunciato esprime una proposizione che sembra coinvolgere oggetti inesistenti. Il linguaggio ci inganna. In effetti, c'è qualcosa di cui parlare, eppure il riferimento di quel *qualcosa* non esiste. Come comportarsi? Scomporre l'enunciato in parti è un buon punto di partenza.

«L'attuale imperatore del Burkina Faso è morto». Secondo Russell, dobbiamo leggere l'enunciato in questo modo: «Esiste un unico X tale che X è l'attuale imperatore del Burkina Faso e X è morto».

Russell ritiene che ogni «descrizione definita», come l'espressione usata per parlare del nostro imperatore attraverso una descrizione introdotta dall'articolo definito «il», contenga in sé un'affermazione di esistenza («esiste un X che è un attuale imperatore del Burkina Faso»), alla quale si aggiunge un'affermazione di unicità («al massimo un solo X è un attuale imperatore del Burkina Faso»). L'enunciato contiene quindi tre affermazioni relative a un determinato oggetto. La prima è «esiste un X che è un attuale imperatore del Burkina Faso», la seconda è «esiste un solo X che è un attuale imperatore del Burkina Faso», mentre «X è morto» è la terza. La descrizione definita può essere cosí vista come la congiunzione tra le prime due affermazioni, cioè l'affermazione d'esistenza e l'affermazione d'unicità, mentre il resto dell'enunciato contiene la terza, «X è morto». Se non esiste alcun oggetto che soddisfa il predicato «essere un attuale imperatore del Burkina Faso», o se ne esiste piú di uno, allora l'enunciato è falso. Ma questo non significa che sia privo di significato.

Il nostro è un linguaggio evoluto, e dunque anche fallace. Se qualcuno di voi dicesse che «ogni giardiniere ama una rosa senza spine», il riferimento di questa frase sarebbe completamente lasciato al nostro personale arbitrio. Perché? L'enunciato, vago nel suo riferimento, potrebbe voler dire che «c'è una rosa senza spine che tutti i giardinieri amano», ma anche che «ogni giardiniere ama una rosa senza spine, che è una sola per ciascun giardiniere». Insomma, si tratta di un enunciato che esprime simultaneamente due proposizioni diverse.

A questo punto, potreste farvi una domanda tutt'altro che ingenua: «È un problema dell'italiano?» Il linguaggio naturale o, meglio, le lingue naturali, poiché hanno un'infinita potenza espressiva, tendono alla vaghezza. Questo fenomeno è comune a tutte le lingue, dal giapponese al finnico.

Per rispondere dobbiamo introdurre una prima distinzione tra linguaggio e lingua. È il 1957 quando Noam Chomsky pubblica *Syntactic Structures*, testo ormai diventato la bibbia della linguistica contemporanea. Nel libro Chomsky sostiene che il linguaggio è codificato a livello sintattico nel nostro cervello e che esiste una serie di principî e parametri, cioè un sistema di regole deducibili per errori, che caratterizza un insieme innato di fenomeni. Il linguaggio non si impara, a dispetto di quanto sostiene il comportamentismo di Burrhus Skinner, ma è un sistema innato che emerge quando viene stimolato correttamente dall'ambiente esterno. Il linguaggio è l'hardware. Le lingue, invece, dipendono dall'ambiente che abitiamo, sono il software. La stessa macchina può montare Windows o Linux a seconda dei gusti e delle competenze di chi la possiede.

Con la sua teoria Chomsky ha dato il via a una grande rivoluzione scientifica, che ha portato una parte della tradizione della filosofia del linguaggio a costituire una disciplina autonoma, senza per questo perdere lo statuto di disciplina filosofica.

La tesi di Chomsky è di chiara derivazione platonica e l'innatismo, del resto, arriva proprio da lí. Nel *Menone* Platone racconta come Socrate riesca ad aiutare uno schiavo privo di cultura a comprendere il teorema di Pitagora. Secondo Platone, questa è la prova che c'è un mondo, quello delle idee, di cui le cose sensibili sono solo copie. E se il nostro ambiente stimola la mente in maniera corretta, la struttura intrinseca delle cose non può che essere riconosciuta.

L'aspetto dirompente del pensiero di Chomsky riguarda il modo di intendere il linguaggio. Il linguista americano ha mostrato che tutti i cervelli del mondo hanno una dotazione linguistica isomorfa e che ogni lingua è facile o difficile allo stesso modo. Quando crediamo che imparare l'inglese sia piú semplice che imparare il giapponese sbagliamo. L'inglese appartiene a un ceppo linguistico piú vicino alla nostra lingua madre, ma la difficoltà sintattica è identica, perché le strutture sintattiche stimolate sono le medesime.

Il linguista anarchico Derek Bickerton, oggi professore emerito a Manoa presso l'Università delle Hawaii, ha proposto una visione compatibile ma non del tutto sovrapponibile con il modello teorizzato da Chomsky. Anche per Bickerton il linguaggio è innato, ma non è vero che ogni lingua è semplice allo stesso modo ai fini dell'apprendimento. Fate attenzione, perché questa differenza suggerisce che Homo Sapiens conserva le tracce di una sorta di lingua di Babele innata e dimenticata[5]. Secondo Bickerton queste tracce sono i cosiddetti linguaggi Pidgin (linguaggi semplificati che si sviluppano dal contatto di gruppi che non condividono un linguaggio comune) e le loro spontanee evoluzioni in lingue Creole (presunti sviluppi spontanei dai linguaggi Pidgin a lingue piú evolute).

Torniamo per un attimo al nostro primo esperimento mentale, quello della gita in macchina e dello sfortunato motociclista che ora, tuttavia, ignoreremo consapevolmente. Mentre vi accostate al ciglio della strada, con la coda dell'occhio vedete un bambino di circa quattro anni spuntare tutto sporco tra i cespugli. Vi fermate, gli chiedete se ha bisogno di aiuto, ma lui riesce a esprimersi soltanto attraverso suoni confusi. Lo scenario che vi si pone davanti è molto piú complesso di quello affrontato durante la lezione di etica. Supponiamo che il bambino sia stato abbandonato nei boschi quando era un neonato. Nonostante l'innatismo linguistico, non ha mai appreso alcuna lingua, perché gli è mancato lo stimolo ambientale – come succede al protagonista del film *L'enigma di Kaspar Hauser* il quale, rinchiuso in una cella sin dalla nascita, non ha mai visto un essere umano in vita sua e non sa parlare (se non ripetere un'unica frase che gli è stata insegnata a forza). Secondo Bickerton, se stimolassimo in qualche modo il linguaggio del bambino, il massimo che otterremmo sarebbe proprio un Pidgin, perché il bambino ha superato i tre anni, l'età decisiva dello sviluppo linguistico. In conclusione, questa teoria sostiene l'esistenza di un codice, costituito dai principî e dai parametri comuni ai vari Pidgin conosciuti, che appartiene alla natura di Homo Sapiens[6].

Spostiamoci in Centro America. Agli inizi del Novecento in Nicaragua non esisteva una lingua dei segni nazionale. Le lingue dei segni sono lingue a tutti gli effetti, come quelle vocali. Ogni comunità di parlanti ha la propria. Le persone sorde nate in Nicaragua, isolate l'una dall'altra, erano spesso considerate alla stregua di ritardati mentali. Quando nel 1979 il governo[7] istituí le prime scuole per sordi, si cercò di insegnare la lettura delle labbra ai bambini, ma senza alcuna efficacia. Steven Pinker, un grande scienziato cognitivo del nostro tempo, afferma però che, nonostante gli scarsi risultati ottenuti dagli insegnanti, i bambini riuscirono a cavarsela da soli:

> Sui campi da gioco e sui pullman scolastici, i bambini inventarono un proprio linguaggio dei segni, ricavandolo dai gesti in parte improvvisati che usavano a casa con le loro famiglie. Dopo poco tempo, il sistema si stabilizzò in quello che oggi si chiama Lenguaje de Signos Nicaraguense (LSN). Attualmente l'LSN è usato, con diversi gradi di scorrevolezza, dai giovani adulti sordi di età compresa tra i diciassette e i venticinque anni, che lo crearono quando avevano dieci anni o piú[8].

Che cosa ci racconta questa storia? Che la natura vince sull'ambiente. Anche se stimolati scorrettamente, i bambini avevano il lusso della socialità, a differenza del bambino isolato che avete incontrato lungo la strada. Grazie alla loro reciproca interazione, hanno sviluppato un linguaggio che «veniva dall'interno». La natura umana, la regina tra le entità teoriche indagate dalla filosofia, si stava facendo sentire.

Oggi i linguisti sono sostanzialmente d'accordo nel ritenere l'LSN una sorta di Pidgin. L'LSN sarebbe una «lingua di contatto» nata spontaneamente per rimediare a una situazione di emergenza in cui un gruppo di bambini socializzanti tra loro era sprovvisto di qualsiasi sistema di comunicazione. Sorprendentemente, i bambini esposti all'LSN hanno ampliato la sua struttura grammaticale e l'hanno resa una lingua equiparabile a tutte le altre lingue del mondo (segniche e non segniche). In relazione a questa seconda fase di ampliamento, Bickerton ha lanciato la sua vera e propria sfida a Noam Chomsky.

L'evoluzione del Lenguaje de Signos Nicaraguense si chiama ISN, cioè Idioma de Signos Nicaraguense, ed è a pieno titolo una forma di Creolo creato dai bambini che sono venuti in contatto con il Pidgin (LSN) durante il periodo in cui normalmente si impara la propria lingua madre.

Creolizzare significa assegnare all'ambiente un ruolo nello sviluppo autonomo, diciamo «emergente»[9], della natura umana – in questo caso della sua componente linguistica. Infatti, la creolizzazione è il fenomeno di sviluppo autonomo di un linguaggio semplice in uno complesso[10].

Questo fenomeno sembra confermare una delle principali tesi di Bickerton, secondo la quale i bambini hanno la totalità del merito nella creazione della lingua ISN[11]. I piccoli, infatti, non hanno avuto la possibilità di sentire o vedere altre lingue naturali umane da cui trarre gli elementi grammaticali necessari per la creolizzazione. Non esistevano comunità sorde che parlassero altre lingue rispetto alla LSN, che ha una struttura simile a quella di un Pidgin gergale e non contiene nessuno degli elementi lessicali, grammaticali e fonologici presenti in ISN.

Il Creolo segnico del Nicaragua ha implicazioni filosofiche decisive, perché sembra impossibile che i bambini abbiano imparato da altre lingue umane ciò che «hanno innestato» nella nuova lingua. Nati e cresciuti sordi, sono sempre stati esposti soltanto alla LSN e alla sua povertà espressiva. La tesi rivoluzionaria di Bickerton è che il Creolo, con la sua struttura astratta, sia in qualche modo la lingua originaria della specie umana.

Il passaggio linguistico dal Pidgin al Creolo e l'omogeneità strutturale delle diverse lingue creole nate da Pidgin diversi non si spiegherebbero se non esistesse nell'uomo una predisposizione biologicamente determinata che fornisce a una lingua la sua forma e la sua struttura. Bickerton parla in tal senso di *Language bioprogram hypothesis* («ipotesi del programma biologico del linguaggio»).

Fino a un certo punto, si potrebbe vedere nei risultati di Bickerton una sostanziale conferma delle ipotesi di Chomsky, secondo il quale la struttura delle diverse lingue non varia, ma corrisponde a un meccanismo unicamente determinato su base biologica. I risultati di Bickerton non contraddicono il «programma» di Chomsky. I linguisti parlano di una «precisazione» ottenuta dallo studio sperimentale in luoghi come le Hawaii o il Nicaragua.

Rimane tuttavia una differenza fondamentale, sottile e profonda allo stesso tempo. Chomsky, attraverso i suoi studi, ha affermato che nessuna lingua è piú semplice di un'altra. Infatti, se si assume che il linguaggio ha una matrice biologicamente determinata, che senso avrebbe chiedersi se esistono lingue piú semplici di altre? Sarebbe come chiedersi se in giro per il mondo esistono individui con labbra o gambe piú semplici delle nostre.

Bickerton, invece, sostiene che per un bambino esistono lingue piú semplici da acquisire rispetto ad altre. Queste lingue sono quelle che seguono o somigliano per struttura al Creolo, quel «Creolo astratto» che per Bickerton è la prima lingua della specie umana.

Sia Chomsky sia Bickerton hanno tentato di risolvere uno dei piú importanti enigmi filosofici della storia. Come ha avuto origine il linguaggio? Qual è stata la prima lingua dell'umanità?

In un certo senso, entrambi hanno dato una risposta esaustiva alla prima domanda. Da Chomsky apprendiamo che il linguaggio è una facoltà innata della specie umana, come lo sono il respirare o il camminare. «L'essere umano è cioè programmato a sviluppare il linguaggio, un po' come i ragni sono programmati a tessere tele o gli uccelli a cantare nei modi specifici della loro specie»[12].

Questa scoperta storica ha segnato la fine di un'epoca, quella comportamentista, per aprirne un'altra, quella innatista, che è tuttora nel pieno del suo sviluppo e trova uno sbocco naturale nelle piú moderne branche della psicologia, come le scienze cognitive e le neuroscienze. Bickerton ha confermato questo dato attraverso i suoi studi e il *Language bioprogram hypothesis*, di cui si è fatto promotore, ne è una prova.

Sulla seconda domanda, però, i due linguisti si dividono. Chomsky ha eluso la questione, sostenendo che tutte le lingue naturali umane sono ugualmente potenti e complesse. Nessuna di queste, infatti, ha il diritto o l'onere di essere collegata in modo preferenziale con una lingua originaria della nostra specie. Bickerton, invece, ha formulato una risposta motivandola con dei dati. Per un bambino è piú facile acquisire una lingua con una struttura simile a quella del Creolo, piuttosto che una lingua che si distacchi da questo.

Non c'è nulla di semplice in linguistica e in filosofia del linguaggio. Per questa ragione, non possiamo considerare l'intuizione di Bickerton un'acquisizione scientifica definitiva. Eppure la suggestione che oltre a una sintassi innata (Chomsky) possa esistere nel nostro cervello anche un tipo specifico di combinazione sintattica (Bickerton) è affascinante. Linguaggio e natura umana sono intimamente connessi. In fondo, Homo Sapiens altro non è che «la scimmia che si parla»[13]. Il linguaggio caratterizza la nostra esigenza di rivolgerci continuamente verso l'esterno, cioè l'essenza della socialità, ma rappresenta anche l'intrinseca capacità di dare forma al nostro pensiero. Infine, per tornare a temi piú filosofici e meno linguistici[14], dai modi e dalle strutture del nostro linguaggio dipende la maggior parte delle nostre turbe metafisiche.

Pensiamo, per un istante, al nostro mondo, cercando di catturarlo in un'unica immagine mentale. Fatto? Ovviamente è un concetto parziale, ma va bene cosí. Alcune tra le nostre forme linguistiche, come i condizionali, agiscono attraverso il linguaggio sull'apertura di scenari che non appartengono al nostro mondo.

Facciamo un esempio: «Se questo libro fosse stato scritto da un bravo filosofo, sarebbe davvero utile».

Questo tipo di enunciato esprime una proposizione controfattuale, evoca uno scenario che non appartiene al nostro mondo. Uno scenario che è letteralmente un altro mondo possibile, a cui abbiamo accesso proprio grazie al linguaggio. I mondi possibili sono diventati un tema centrale della ricerca filosofica con Leibniz, anche se con un retrogusto esplicitamente teologico: infatti, essi sono idee contenute nella mente di Dio. Nella metafisica di Leibniz il mondo attuale è uno dei tanti mondi possibili. Il migliore, dal punto di vista di Dio. Ma non è questa la sede per affrontare un argomento del genere.

Bisognerà aspettare il 1947, e Rudolf Carnap, per giungere a un'esplicita connessione tra «mondi possibili» e filosofia del linguaggio. Carnap ha ripreso questa nozione per associare una semantica al piú forte dei sistemi modali allora conosciuti, il sistema S5 proposto da Clarence Irving Lewis, in cui il rapporto di accessibilità tra i mondi possibili è «universale» (cioè tutti i mondi sono accessibili da un altro).

Siamo agli albori della semantica dei mondi possibili, disciplina che con Saul Kripke, uno dei piú grandi filosofi viventi, diventa terreno di studio fondamentale della filosofia del linguaggio contemporanea. Con l'esempio precedente del libro scritto da un «bravo» filosofo, abbiamo capito come attraverso il linguaggio si «apre» un mondo diverso dal nostro. Ma che cosa consente a un altro mondo di essere ancora un mondo?

Secondo Kripke, il nostro linguaggio è provvisto di una serie di marcatori chiamati «designatori rigidi». Un designatore rigido è un termine che si riferisce alla medesima entità in tutti i mondi possibili e ci permette di muoverci attraverso gli «altrove» implicati dalla semantica. Se mi chiedo «che cosa sarebbe successo se

Kennedy non fosse stato ucciso» è letteralmente a un altro mondo che sto pensando. Per esempio, se dico che il numero atomico dello zinco è 30 o che 6 + 6 è uguale a 12, queste affermazioni devono resistere al passaggio di mondi (il risultato di 6 + 6 sarebbe 12 anche se Kennedy non fosse stato assassinato). Passaggio non scontato, ad esempio, se prendo in considerazione il colore dei miei capelli (sarei potuto essere biondo, e magari con gli occhi azzurri).

La potenza espressiva del nostro linguaggio continua a sorprenderci. Se abbiamo raggiunto la consapevolezza che il linguaggio caratterizza la nostra natura umana piú intrinseca non sarà difficile comprendere i limiti dei programmi di traduzione in logica delle lingue naturali.

«Ci sono piú cose in cielo e in terra, Orazio, di quante ne sogni la tua filosofia», dice Amleto a Orazio. Molto spesso, nella storia del pensiero la filosofia è stata rappresentata attraverso la figura del limite. Per raggiungere il proprio cuore, cioè il proprio limite, la filosofia deve ricorrere al linguaggio. Allora possiamo parafrasare il meraviglioso verso di Shakespeare in questo modo: «ci sono piú cose in cielo e in terra, Orazio, di quante ne descriva il tuo linguaggio».

Heidegger aveva tutto un altro modo di affrontare la questione filosofica del linguaggio[15], anche se era a sua volta convinto che «l'uomo è uomo in quanto parla»[16]. Recuperando una tradizione che ha origine almeno con Nietzsche, Heidegger mostra in piú luoghi della sua opera che il linguaggio ci caratterizza eppure, nel suo caratterizzarci, ci limita. L'invisibile è assai piú ampio del visibile.

C'è una convergenza tra filosofia e fisica sulla quale dobbiamo riflettere. Quando Rovelli scrive che «la realtà non è come ci appare»[17] ci sta dicendo che il mondo che riusciamo a catturare con la nostra vista è solo una proiezione parziale della struttura autentica della realtà.

Invece che matematizzare il linguaggio, la tradizione filosofica continentale ha cercato nel limite delle nostre possibilità espressive e linguistiche l'apertura di un *altrove* che contenga l'origine stessa del linguaggio. Secondo Heidegger, il cui pensiero sfida il paradosso, l'unico linguaggio filosofico possibile è quello *poetante*. Non è un caso che proprio Hölderlin sia stato uno dei suoi pochi ispiratori.

Il ragionamento di Heidegger, preso per buono quello che abbiamo detto sul linguaggio, è tutt'altro che scontato. Poiché il linguaggio razionalizzato ha dei limiti insuperabili e, per di piú, ogni logica che scegliamo per formalizzarlo fallisce[18], dobbiamo sfruttare questo limite e trasformarlo in una risorsa. Il linguaggio della poesia, proprio perché rifiuta ogni formalizzazione, consente di avventurarsi in quel percorso a ostacoli che Heidegger definisce «oltrepassamento della metafisica»[19]. Agamben, che di questa argomentazione ha fatto un manifesto della sua filosofia, ha affermato: «credo nel legame tra filosofia e poesia. Ho sempre amato la verità e la parola»[20].

È difficile trovare un esempio pratico con cui spiegare il ragionamento di Heidegger, perché il suo tentativo consiste nel trovare una via d'uscita dal linguaggio attraverso una pratica semi-linguistica. Quasi come se fosse un pensatore orientale. Consideriamo una frase di Wittgenstein, che a una prima lettura può suonare oscura: «La poesia di Trakl non la capisco. Però il suo tono mi rende felice. È il tono delle persone veramente geniali»[21]. Il significato di queste parole ermetiche e acutissime è il seguente: il mistico che formalizza i linguaggi naturali capisce che la vera felicità è nella non comprensione. Cosí, nel *Tractatus*, Wittgenstein potrà affermare che «la risoluzione del problema della vita si scorge allo sparire di esso»[22].

Anche se la filosofia, come abbiamo visto, risolve alcune ambiguità del discorso e dell'espressione, il linguaggio è sempre impegnato a catturare e comprendere, pur maldestramente, l'irrazionale e l'extra-umano. Uno strumento tipicamente umano – troppo umano, verrebbe da dire – come il linguaggio non può giungere fuori di sé, non può avere una comprensione esteriore di se stesso con i medesimi strumenti che utilizza quotidianamente per orientarsi nel proprio territorio. Questa dinamica paradossale è ciò che Jacques Lacan chiama «cerchio chiuso», ed è la stessa dinamica che secondo Massimo Recalcati, tra i maggiori interpreti dello psicanalista francese, troviamo alla base dell'«amore perfetto»[23] (quello tra la madre e il figlio). La rappresentazione simbolica del linguaggio non può essere oggetto della nostra conoscenza. Non possiamo accedervi in nessun modo.

Il linguaggio è un fenomeno ambiguo. Nonostante questo, abbiamo sempre bisogno di comprendere di che cosa stiamo parlando. Per farlo, dobbiamo servirci di un metodo logico che ci permetta di provare le condizioni di verità dei nostri enunciati. Eppure, sappiamo che qualche volta questo lusso ci è precluso. Anche se non possiamo conoscere ciò che sta al di là della ragione, questo non significa che dobbiamo tacerne. Il linguaggio è il veicolo e allo stesso tempo l'oggetto della nostra conoscenza, e proprio questa ambiguità lo rende cosí affascinante.

Sulla via dell'ambiguità torniamo all'esperienza, ancora una volta sul sedile dell'auto con la quale siamo partiti nella prima lezione. Adesso però il motociclista che state per soccorrere non parla la vostra lingua. Agita le braccia, indica un coniglio e urla «Gavagai!» Nella vostra lingua *gavagai* non significa proprio niente e, ammesso che siate appassionati di linguistica, le ipotesi di traduzione di tutto ciò, dato il gesto dell'indicare, potrebbero essere tante: «Maledetto coniglio, mi ha tagliato la strada», «Guarda, un coniglio», «Aiutiamo anche il coniglio», «Voglio mangiare quel coniglio» e molte altre.

Questo genere di casi ha fatto sostenere a Quine[24] una versione debole dello scetticismo del significato, detto anche «indeterminatezza della traduzione», che in realtà è una formula metaforica che ci aiuta a catturare un aspetto della nostra comunicazione quotidiana: non siamo mai certi di ciò che ascoltiamo, perché parlarsi è un atto di fiducia. Il linguaggio vive di un'infinità di elementi, ma non è riducibile a nessuno di essi.

Per Lacan la mancanza di un significante strutturato, cioè di una forma che rinvia a un contenuto preciso nel linguaggio ordinario, è la traccia del «trauma originario» (contro Freud che, come noto, credeva fosse il sesso). Il vostro stesso inconscio, secondo lo psicanalista francese, è strutturato come il linguaggio: è una combinatoria di elementi discreti[25] in cui non tutto è significante, perché alcuni tasselli del puzzle, presi singolarmente, non vogliono dire niente. Siamo noi che, attraverso i ricordi, montiamo gli elementi in una costruzione significativa per le nostre vite, esattamente come le frasi montano lettere che da sole non hanno alcun senso.

Parlare rivela infinite cose sul mondo interno, su quello esterno e sull'interazione tra queste due sfere, che costituiscono l'ambiente. Ma il linguaggio non è solo parlato, nonostante il predominio assoluto che la vocalizzazione ha conquistato nella filosofia analitica e nella linguistica. Il linguaggio è soprattutto scrittura[26].

E la scrittura, per certi aspetti, è ancora piú ingannevole del linguaggio parlato. Seguendo un famoso esempio di Derrida, pensate a quando leggete un testo scritto da qualcuno che non è piú tra noi. Oppure, a tutte le volte (quasi sempre) che leggete qualcosa senza conoscere l'identità del suo autore. In questi casi, è come se a parlarvi fosse uno «spettro».

Un altro esempio. Immaginate che qualcuno, mentre seguite una noiosissima lezione di filosofia, vi allunghi un biglietto con scritto: «Sto morendo a causa del professore». Ecco che comincia la fiera delle interpretazioni. Dalla remota possibilità che qualcuno stia morendo d'amore per il professore, alla terribile scoperta che il professore stia facendo del male a una persona fino a provocarne la morte. Facciamo uno sforzo mentale ulteriore e supponiamo che quella persona sia già morta. In questo caso, a parlarvi non sarebbe un semplice estraneo, ma qualcuno che non vive piú. La scrittura diventa una comunicazione a staffetta[27], in cui ricevere e comprendere un messaggio significa letteralmente ascoltare un mondo che non esiste piú.

Il linguaggio è allo stesso tempo lo strumento e l'oggetto dell'analisi. È uno specchio vago e potente. Parlando portiamo il nostro interno all'esterno, orientiamo la socialità, tentiamo di accedere al mondo nominando le cose. In principio era il verbo, e in effetti non è difficile capire perché. Agli esseri umani, per essere tali, non serve tanto il pensiero, bensí la parola. Del resto, «le lettere dell'alfabeto isolate non rappresentano niente»[28]. Ma il silenzio è una scelta che apre uno spazio filosofico diverso, ancora una volta mistico. L'unico buon modo per farvi riflettere sul mistico è confessarvi che la parte piú importante della lezione sul linguaggio è quella che non abbiamo mai affrontato: «ogni parola è necessariamente debole e imperfetta»[29].

[1] L. Wittgenstein, *Tractatus*, 5.62.

[2] G. Frege, *Uber Sintt uni Bedeutung*, pubblicato per la prima volta in «Zeitschriftfur Philosophie und philosophische Kritik», 100, 1892, pp. 25-50.

[3] Un'ottima storia della filosofia analitica è in P. Tripodi, *Storia della filosofia analitica*, Carocci, Roma 2015.

[4] E. Gettier, *Is Justified True Belief Knowledge?*, in «Analysis», 1963, 23, pp. 121-23.

[5] Me ne sono occupato in L. Caffo, *Il mistero della nascita del linguaggio: Il caso Pidgin & Creolo*, Grin Verlag, Monaco 2009. Il miglior testo sull'argomento è di A. Moro, *I confini di Babele: Il cervello e il mistero delle lingue impossibili*, Longanesi, Milano 2006.

[6] Cfr. D. Bickerton, *Bastard Tongues*, Hill and Wang, New York City 2008.

[7] Cfr. H. E. Vanden, G. Prevost, *Democracy and Socialism in Sandinista Nicaragua*, Lynne Rienner Publishers, Boulder 1996.

[8] S. Pinker, *L'istinto del linguaggio*, Mondadori, Milano 1994, p. 28.

[9] Su emergenza come autonomo sviluppo degli oggetti si veda M. Ferraris, *Emergenza*, Einaudi, Torino 2016.

[10] In realtà la creolizzazione è un fenomeno culturale volto a descrivere l'ibridazione tra culture e gruppi etnici diversi che determina anche la

formazione di un idioma composto da piú dialetti. La mia lettura ne è la traduzione puramente linguistica.

[11] D. Bickerton, *Roots of Language*, Karoma Publishers, Ann Arbour 1981.

[12] D. Napoli, M. J. Nespor, *L'animale parlante. Introduzione allo studio del linguaggio*, Carocci, Roma 2004, p. 224.

[13] Come argomenta F. Cimatti in *La scimmia che si parla: linguaggio, autocoscienza e libertà nell'animale umano*, Bollati Boringhieri, Torino 2000.

[14] Anche se credo che qualsiasi buon filosofo del linguaggio debba avere una conoscenza piú che basilare dei rudimenti di base della linguistica cognitiva contemporanea.

[15] Cfr. M. Heidegger, *In cammino verso il linguaggio*, Mursia, Milano 1988.

[16] *Ibid.*, p. 27.

[17] C. Rovelli, *La realtà non è come ci appare*, Raffaello Cortina, Milano 2014.

[18] Cfr. F. Berto, *L'esistenza non è logica. Dal quadrato rotondo ai mondi impossibili*, Laterza, Roma-Bari 2010.

[19] Sul tema, per un'analisi assai piú tecnica, cfr. F. Cassinari, *Tempo e identità: la dinamica di legittimazione nella storia e nel mito*, Franco Angeli, Milano 2005, p. 231.

[20] A. Gnoli, *Intervista a Giorgio Agamben*, in «la Repubblica», 15 maggio 2016: http://www.repubblica.it/cultura/2016/05/15/news/giorgio__agamben__credo__nel__legame__tra__filosofia__e__poesia__ho__sempre__amato__la__verita__e__la__parola__-139833519/

[21] I. A. Chiusano, «Prefazione», in G. Trakl, *Poesie*, a cura di L. Traverso, RCS Libri, Milano 1997.

[22] L. Wittgenstein, *Tractatus*, 6.52.

[23] Cfr. M. Recalcati, *Il complesso di Telemaco: genitori e figli dopo il tramonto del padre*, Feltrinelli, Milano 2013.

[24] W. O. Quine, *Three indeterminacies*, in Id., *Confessions of a Confirmed Extensionalist: And Other Essays*, Harvard University Press, Boston 2008, pp. 368-86.

[25] Il principio della «infinitezza discreta» formulato da Chomsky: da un numero finito di simboli è possibile produrre un numero infinito di combinazioni. Il linguaggio umano funziona in questo modo, ma non il linguaggio in sé. Per esempio, le api hanno a disposizione per il loro linguaggio un numero letteralmente infinito di simboli.

[26] Sullo scontro di questi due modelli John Searle e Jacques Derrida hanno tenuto un lungo e articolato dibattito pubblicato in J. Derrida, *Limited Inc.*, Raffaello Cortina, Milano 1997.

[27] Questa la nota questione della «traccia» in filosofia. Cfr. M. Ferraris,

Documentalità: perché è necessario lasciar tracce, Laterza, Roma-Bari 2010.

[28] F. Melotti, *Linee*, Adelphi, Milano 1981, p. 55.

[29] C. A. Eastman, *L'anima dell'Indiano*, Adelphi, Milano 1983, p. 17.

Futuro

La filosofia anticipa il futuro?
Parlare di mondi possibili significa anticipare le forme del domani?
Che cos'è il postumano?

Giusto e interessante non è dire: questo è nato da quello,
ma: questo potrebbe essere nato cosí.

LUDWIG WITTGENSTEIN, *Note sul "Ramo d'oro" di Frazer*

«Voi siete qui».

«Voi dovreste essere qui».

La prima frase racchiude il passato, la seconda apre al futuro.

Dovreste, non sarete. Siamo arrivati all'ultima lezione e prima di avvicinarci alle conclusioni vorrei che rivolgessimo uno sguardo alla vita che verrà. La filosofia non è speciale, ma di certo è diversa dalle altre scienze. Wittgenstein amava dire che gli interrogativi scientifici lo interessavano molto senza mai affascinarlo davvero. Solo i problemi concettuali ed estetici riuscivano a catturarlo.

Fare del pensiero un'avventura è stato il nostro compito fin qui e continuerà a esserlo anche in queste pagine finali. Lo dico senza alcuna retorica. Quando pensiamo al futuro, pensiamo al *nostro* futuro. Il pianeta che ci contiene e l'universo che ci circonda continueranno le loro sorti anche senza di noi (non si arrabbino gli scettici). Per questo motivo, quando parliamo di avvenire discutiamo dell'immagine che abbiamo del nostro futuro di esseri umani.

Ecco, allora, una lezione sull'uomo.

È il 1966 quando Michel Foucault, nella prefazione del suo capolavoro *Le parole e le cose*, dichiara che l'uomo è un'invenzione recente. Questa consapevolezza lo tranquillizza profondamente. Dopo la lezione sull'ontologia, abbiamo tutti gli strumenti per capire che in questo passo Foucault si riferisce all'uomo come a un oggetto sociale, cioè al complicato costrutto che la società sviluppa intorno all'animale umano e all'oggetto naturale che, semplificando, possiamo chiamare «corpo»: il limite ultimo delle nostre vite. Il limite ha attraversato le prime quattro lezioni come un protagonista occulto e adesso è arrivato il momento di affrontare questo misterioso ostacolo. Per aggirarlo, tuttavia, abbiamo bisogno di una strategia.

Piú volte ci siamo imbattuti nel concetto di «anticipazione», nell'idea di realizzare *qui e ora* qualcosa che può appartenere soltanto al futuro. A questa categoria di fenomeni appartengono la disobbedienza civile, il vegetarianismo, la non-violenza, il pacifismo e, quando non è solo descrittiva, anche la filosofia. Il requisito che un pensiero attivo deve avere per aderire al concetto di «anticipazione» è la capacità di costruire un ponte tra il presente e il futuro prossimo, un ponte con la scritta *I would prefer not to* («preferirei di no»): la formula con cui attraverso un'apparente negazione si apre uno spiraglio per un'azione inedita[1]. La filosofia ragiona sul futuro che seguirà al proprio «adesso» per ideare un percorso controcorrente. Ciò che la distingue dalle altre scienze è la visione dell'alternativa, di uno spazio ideale in cui possiamo scegliere senza abbandonarci al corso ineluttabile delle cose. Da un certo punto di vista, la filosofia è un rifiuto della necessità a favore di un'apertura delle possibilità.

Secondo Nietzsche – siamo nella terza dissertazione della *Genealogia della morale* – il rifiuto va bene purché non diventi ascetismo. Se decidiamo di non fare qualcosa, per esempio di non mangiare gli animali, soltanto per ostentare una vuota coerenza con noi stessi, allora siamo asceti, falsi profeti, millantatori paradossali di volontà di potenza. Vogliamo esibire la nostra capacità di vivere senza volontà di potenza, ma in realtà la esercitiamo due volte: per negare un istinto e per mostrare agli altri che siamo stati in grado di negarlo.

Al contrario, la forma di rifiuto con cui la filosofia sfida i luoghi comuni e le false credenze non è mai compromessa dal risentimento. Per essere gli interpreti di un'autentica volontà di potenza dobbiamo costruirci un canale attraverso cui visualizzare piú soluzioni e scenari possibili.

Nei saggi che compongono *L'alternativa ambiente*[2] Gilles Clément presenta l'ambiente come il luogo per eccellenza di un'alternativa alla crisi.

I movimenti ecologisti con le loro radicalità molto spesso trasformano validi tentativi di resistenza alle decisioni della politica in una polemica inoperosa. D'altra parte, esiste una corrente opposta chiamata *Green Business* che sfrutta il mercato del biologico per fare del messaggio ecologista uno slogan commerciabile e redditizio. Secondo Clément esiste una terza strada e il concetto che la ispira, l'*alternativa ambiente*, tiene conto del fatto che nessuna risposta, e dunque nessuno scenario alternativo, arriva mai in un colpo solo. L'umanità incredula, di volta in volta addormentata dai mass media, deve esperire nuovi stili di vita e tentare nuovi percorsi, inoltrandosi in territori sconosciuti. Per questo ha bisogno del potere creativo della filosofia.

L'*alternativa filosofia* è l'insieme delle strade possibili che si liberano con la negazione di uno stato di cose del mondo, mostrando che ogni decostruzione porta con sé una ricostruzione possibile. È qualcosa di piú rispetto al passaggio marxiano dalla filosofia come contemplazione alla filosofia come trasformazione, perché stiamo analizzando un'alternativa sempre presente. Ogni azione, se autentica, presuppone un obiettivo da raggiungere in accordo con le intenzioni di partenza. Secondo la teoria dell'azione, questo principio si chiama *direzionalità* di ordine superiore[3].

Tuttavia, il problema è che gli obiettivi di un'azione A svolta all'interno di un sistema sociale S sono spesso definiti all'interno di un sistema di regole sociali RS. Di conseguenza, le alternative dell'azione sono sempre circoscritte a un insieme di possibilità già previste dal sistema di regole sociali. Questo preclude la possibilità di un cambiamento radicale[4]. La filosofia non è mai soltanto un'azione, ma un atto: «Nessun'azione può realizzare il suo scopo, se non si smarrisce nell'atto. L'atto, a sua volta, per compiersi in quanto evento immediato, deve dimenticare la finalità dell'azione. Non solo. Nell'oblio del gesto ... l'atto sgambetta l'azione, restando orfano del proprio artefice»[5].

Le parole che Carmelo Bene ha usato per spiegare un elemento fondamentale della poetica del teatro di Artaud sono preziose anche nel nostro contesto. L'atto è un'azione che non presuppone un obiettivo rigidamente determinato, ma uno stato di cose da cui si vuole emancipare. L'atto descrive la sfida che accogliamo quando tentiamo di superare la cruda necessità del nostro presente: «mi aggiro senza sapere dove; vado e vengo senza sapere dove il movimento si arresterà, né quando avrà fine – vago in un'immensità senza confini»[6].

La filosofia come atto, dunque. Non sappiamo bene dove possa condurci, eppure non possiamo evitare di spostarci nella direzione che disegna davanti a noi. Se conoscessimo in anticipo la nostra meta, sosteneva Derrida, non muoveremmo mai un solo passo. L'ignoto e l'imprevisto sono un male meraviglioso e necessario. L'alternativa è sempre un insieme di mondi possibili, non è mai un'unica strada. Ci conduce lungo un percorso, magari tortuoso ed enigmatico, che passo dopo passo orienta la ricerca piú importante che esista. Cercare l'alternativa significa estendere il nostro mondo. Il mondo del filosofo è necessariamente piú ampio rispetto a quello del non filosofo, perché il possibile irrealizzato è sempre presente nella sua ontologia.

La filosofia allarga il vostro mondo. Pensateci bene. Dopo il percorso che abbiamo fatto fin qui il vostro orizzonte dovrebbe essere cambiato. Il tempo presente, invece, impone soluzioni rigide. Scegliere una facoltà utile alla vostra carriera oppure no, dichiarare guerra al terrorismo oppure no, decidere di vaccinare vostro figlio oppure no. L'apertura di un ampio spettro di possibilità sembra una chimera irraggiungibile in un sistema come quello che abitiamo, che ci abitua al pensiero binario. Eppure l'atto è possibile. Davvero possibile.

L'alternativa, in fondo, è contenuta in quel gesto deciso con cui vi fermate per soccorrere il povero motociclista. In quello spazio franco, senza controllo, state creando una relazione che prima non esisteva. Ma l'alternativa è anche un concetto logico. Date almeno due possibilità distinte e fissata una di queste, si definisce come alternativa ciascuna delle possibilità diverse da quella prefissata. Il numero delle alternative è sempre uguale a quello delle possibilità meno una, perciò corrisponde alla formula A = P-1. Questa sottrazione esprime la libertà che la filosofia deve spingersi a cercare. Il punto di partenza coincide con la decisione di eliminare il certo, di fare spazio all'incertezza, perché il vostro percorso può cominciare soltanto dal dubbio.

Ho sempre creduto che la vita dei grandi filosofi sia intimamente connessa al loro pensiero. E non mancano esempi illustri di uomini che hanno risposto alle sfide del proprio tempo con un rifiuto creativo. Henry Thoreau non accettò di continuare il lavoro a scuola perché erano state introdotte le pene corporali. Siamo nel 1837 a Concord (Massachusetts) e questo gesto morale, data la profonda crisi economica, gli costò un lungo periodo di disoccupazione. Wittgenstein, dal canto suo, abbandonò l'insegnamento e diventò un giardiniere perché l'università, con il suo rigido sistema di regole burocratiche, ostacolava l'esercizio del libero pensiero. Thoreau e Wittgenstein sono due notevoli risultati umani della strana addizione che somma pensiero controcorrente e vita.

L'umano che immagino io non cessa mai di trasformare le proprie azioni in atti, perché di fronte a sé ha l'obiettivo del cambiamento.

Se l'azione è quella strana entità che contiene in partenza tutti gli obiettivi, dobbiamo chiederci come può avvenire il distacco dalla prassi ordinaria. Cosa ne sarebbe del cambiamento, se qualcuno non cominciasse a pensare qualcosa di diverso, di imprevisto?

Sia nelle scienze, sia nella vita di ogni giorno il compito ultimo della filosofia corrisponde alla capacità di sganciarsi dalla prassi, di creare una nuova consuetudine, di saper vedere al di là delle regole che abbiamo naturalizzato con la forza dell'abitudine. In fondo, la «trasvalutazione di tutti i valori» di Nietzsche significa proprio questo: mettere in crisi il contemporaneo per spingerlo verso un *altrove* che sia migliore o, almeno, «potenzialmente migliore».

Tuttavia, dobbiamo tutelarci dalle implicazioni radicali di questo discorso. Il puro e semplice cambiamento, di per sé, non ha un valore positivo. Le rivoluzioni non conducono necessariamente in un posto migliore. Un mutamento non orientato è un mutamento violento, pericoloso. Gli strumenti per visualizzare le direzioni possibili sono forniti dalla filosofia. Per questo il futuro è diventato un oggetto della filosofia. La filosofia del futuro è la disciplina che cerca di comprendere, e orientare, le condizioni di possibilità di uno stato di cose *S*, che si situa rispetto al presente *T* in uno spazio *T+n* successivo. Certo, in questo senso sono costretto a smentire Wittgenstein quando scrive che «vive eterno solo colui che vive nel presente»[7]. L'eterno è sempre una relazione con il dopo, con l'attimo che segue, persino con quello che fugge. Il modo migliore per definire Homo Sapiens è attribuirgli l'attitudine a organizzare lo spazio in relazione al tempo. Wittgenstein pensava all'eterno apparente, ma la filosofia mira all'eterno reale.

La filosofia ristruttura dalle fondamenta il concetto di «uomo». L'immagine che siamo abituati ad avere di noi stessi oggi non regge piú. La sfida della filosofia coincide con la sfida all'antropocentrismo e alla tesi secondo la quale l'umano è l'unico ente etico, metafisico e scientifico di questo mondo.

Se è vero che i limiti del linguaggio sono i limiti del nostro mondo, allora sarà vero anche che esistono altri infiniti mondi. Noi umani abbiamo il dovere di prendere in considerazione questa realtà e, soprattutto, di rispettarla anche in mancanza di una comprensione totale dei fenomeni che ci circondano. Quando nel 1584[8] Giordano Bruno sosteneva l'esistenza di «infiniti mondi», aveva accettato il rischio di essere perseguitato pur di sostenere la stessa verità che stiamo discutendo in queste pagine. Oggi sappiamo che l'universo è infinitamente esteso ed è composto di un numero potenzialmente infinito di sistemi solari simili al nostro. Sappiamo anche che è sprovvisto di un centro. Tutto ciò sottrae alla Terra e all'umano il ruolo privilegiato che l'antropocentrismo e la filosofia antica e medievale hanno attribuito loro. L'universo è una metafora: gli infiniti mondi sono intorno a noi anche su questo pianeta. Gli infiniti mondi sono, fuor di metafora, le altre forme di vita.

La filosofia contemporanea è una questione di vita in periferia. Siamo coscienti del nostro ruolo marginale e abbiamo capito che l'ecologia è molto piú importante della nostra metafisica. Allora, in che modo possiamo organizzare il futuro?

Torniamo al mistero della socialità di Homo Sapiens. Il nostro mondo è regolato e regolabile e segue un movimento che abbiamo definito «a stormo», che in fondo ci risulta ancora parzialmente oscuro. In questo continuo e perpetuo agire di tutti all'interno dello spazio comune, la filosofia si insinua come una voce che ci invita a fermarci e a riflettere. La pausa serve a interrompere qualcosa che spesso blocca la nostra libertà e la nostra creatività: la consuetudine.

Per descrivere questo processo di arresto, Deleuze ha parlato di «differenza e ripetizione». Sulla scia del pensiero di Nietzsche, si trattava di concepire la differenza come un'affermazione pura e come un atto creativo per sospendere la prassi continua che la vita quotidiana ci impone: «tutte le identità non sono che simulate, prodotte come un effetto ottico, attraverso un gioco piú profondo che è quello della differenza e della ripetizione»[9].

La *differenza* di Deleuze non ha niente a che vedere con il *Think Different*, lo slogan di Apple che ha sedotto molti di noi. La differenza è il manifesto della filosofia del futuro. Il nostro tempo è limitato, non sprechiamolo vivendo la vita di qualcun altro, vivendo un'esistenza che altri hanno scelto per noi, ma che non ci rappresenta e di cui non condividiamo le motivazioni. Fate della differenza un obiettivo quotidiano. Se guardate con attenzione questo nostro mondo, vi accorgerete che tutto è filosofico. E forse il fenomeno meno filosofico che vi troverete davanti potrebbe essere proprio un convegno di filosofia.

La filosofia ha sempre avuto dei nemici, perché ci abitua a vivere fuori dai dogmi e dalle verità indiscusse. Ognuno di noi è in grado di formarsi le proprie opinioni addestrando la mente al pensiero critico. Con queste cinque lezioni abbiamo cercato di imparare a stare al mondo in modo attivo, raggiungendo la consapevolezza che la filosofia può modellare la realtà, può cambiarla e adattarla al corso dell'evoluzione. Sono questi i compiti del filosofo del futuro, che rifiuta la sagoma monolitica del presente per diventare un architetto della conoscenza.

Il cambiamento ha bisogno di azioni esemplari e di teorie ben costruite. I pensieri sono azioni. Ciò vuol dire che siamo capaci di agire come pensiamo e viceversa. È questo il cuore della rivoluzione della filosofia del futuro. Per superare l'obsolescenza dell'antropocentrismo dobbiamo andare oltre il dualismo tra mente e corpo, che ha origine con il pensiero di Cartesio. Restituire al corpo la sua dignità significa rinunciare definitivamente alla pretesa superiorità metafisica dell'«uomo» nei confronti degli altri enti che popolano il nostro mondo. Argomentare che la mente non può esistere senza un corpo, però, non basta. Questa idea plurisecolare si è profondamente sedimentata nel nostro tessuto culturale. La teoria non è sufficiente. Possiamo compiere questa rivoluzione soltanto attraverso l'attività della prassi: *siamo ciò che agiamo*.

Per dirlo con un aforisma, «i limiti del mio mondo sono i limiti delle mie azioni possibili»[10]. Naturalmente noi agiamo per mezzo di un corpo. Essere un corpo, occupare un punto dell'immensità dello spazio-tempo, avere un'estensione è la caratteristica che ci colloca in una posizione periferica dell'essere. L'essere è fatto di punti, noi siamo un punto. Punto.

Il resto è confuso, diceva qualcuno[11]. Ma il compito dell'umanità del futuro, quella che possiamo definire «postumana», è fare dei limiti una risorsa. La storia dell'umanità, pur non essendo la storia dell'essere, è la storia di un particolare tipo di essere che per la sua struttura interna evolve in modo molto rapido: balzi, accelerazioni, progresso morale e tecnologico. Proporre dei tentativi di lettura unitari non ha alcun senso. L'umanità globalizzata, purtroppo, è una falsa illusione, figlia del colonialismo occidentale e della digitalizzazione del mondo.

Tuttavia, sono convinto che una tendenza comune a tutta l'umanità esista. E non credo di sbagliare se dico che questa caratteristica tutta umana è la filosofia. Ora è lecito porsi una domanda. Esiste una filosofia migliore di altre? La risposta è no. Ogni filosofia, ogni scuola, ogni corrente di pensiero, dall'antica Grecia di Platone alla Cina di Confucio, ha incarnato il ruolo di *alternativa filosofia*, perché ha aperto nuove strade possibili lungo il cammino dell'umanità.

Con queste cinque lezioni ho cercato di mettere in luce la struttura logica dell'evoluzione di Homo Sapiens. L'incapacità di accontentarsi di una risposta, l'ossessione nella ricerca delle alternative possibili, la normalizzazione dello scompenso psicologico che costantemente spinge la nostra mente *altrove* sono qualità inscritte nel nostro corredo genetico. Noi umani abbiamo bisogno di ripensare al nostro passato e di conservare una memoria per conquistare una capacità plastica nei confronti del futuro.

Molti filosofi, uno fra tutti l'Heidegger dei *Concetti fondamentali della metafisica*, hanno creduto che l'umano fosse l'unico ente a possedere un mondo, poiché in grado di vivere al di là del presente. Si sbagliavano. La fortuna dell'animalità è che vive presente a se stessa. La nostra sfortuna, invece, è che la mente e la memoria ci permettono un'estensione in un tempo che ancora non esiste o che non esiste piú. Dobbiamo trasformare questo limite in una risorsa: dobbiamo imparare ad abitare il futuro per poter essere di nuovo, anche noi, presenti a noi stessi. Dobbiamo essere capaci di immaginare noi stessi al posto del motociclista caduto e non dell'automobilista che soccorre. Gazzelle e mai leoni. Solo cosí potremo permetterci il lusso della debole tenerezza senza avere paura dell'altro.

Il tempo della filosofia è piú vasto, coincide con l'eternità. Mentre le scienze particolari hanno lo scopo di migliorare la comprensione di un aspetto specifico della nostra vita, la filosofia serve a comprendere la vita in quanto tale. Noi umani cerchiamo incessantemente un senso che spieghi la nostra esistenza e quella del mondo. Anche se dovessimo scoprire che questo senso non esiste, capiremmo che la meta della nostra ricerca coincide con il suo stesso motore: la curiosità. La meraviglia nei confronti del mondo e il bisogno costante di sapere sono le nostre caratteristiche genetiche. La curiosità ci invita a cercare piú alternative, ci spinge a percorrere piú strade, ci impedisce di accontentarci di una sola risposta. È la curiosità che orienta il nostro viaggio evolutivo.

In fondo, che cosa abbiamo imparato da queste lezioni? Niente di piú che l'arte di cercare. Il nostro compito è immenso perché, letteralmente, non ne vedremo mai i confini. E tutte le volte che crederemo di essere arrivati al traguardo, ricordiamoci che è un traguardo parziale: l'unica cosa di cui possiamo essere certi è che ci sarà chi continuerà da dove noi abbiamo concluso. La nostra vita è una staffetta. Forse qualcuno sfoglierà queste lezioni quando non ci ricorderemo piú di averle lette, e proseguirà il nostro percorso da qui. L'umano è un corpo immenso e privo di limiti, e ognuno di noi è una parte di esso, è una cellula. Come ha scritto Artaud, «esci dal tuo corpo, tocca a noi occupare il tuo posto, tu lo occupi da troppo tempo, ecco»[12].

E il futuro, a questo punto, non sarà altro che una questione di prospettiva.

[1] La frase compare in *Bartleby lo scrivano*, romanzo di Melville pubblicato per la prima volta anonimo, diviso in due parti, in «Putnam's Magazine» nel 1853.

[2] G. Clément, *L'alternativa ambiente*, Quodlibet, Macerata 2015.

[3] M. De Caro, *Azione*, il Mulino, Bologna 2008.

[4] Come ho diffusamente argomentato in L. Caffo, *Azioni e Natura Umana: un breve viaggio tra complessità e filosofia della vita*, Fara, Rimini 2011.

[5] C. Bene, G. Dotto, *Vita di Carmelo Bene*, Bompiani, Milano 1998, p. 237. Ho approfondito la nozione di atto in filosofia in L. Caffo, *Flatus Vocis: breve invito all'agire animale*, Novalogos, Aprilia (Roma) 2012.

[6] C. Tzu, *Zhuangzi*, Urra, Milano 2012, p. 213.

[7] L. Wittgenstein, *Tractatus*, 6.4311.

[8] Il terzo dialogo di Bruno: cfr. G. Bruno, *De l'infinito, universo e mondi / Über das Unendliche, das Universum und die Welten: Bd. 4*, Meiner Felix Verlag, Amburgo 2007.

[9] G. Deleuze, *Differenza e ripetizione*, Raffaello Cortina, Milano 1997, p. 2.

[10] Ho sostenuto e difeso questa tesi, che contraddistingue il mio modo di intendere la teoria dell'azione, in piú testi. Cfr. in particolare L. Caffo, *Il bosco interiore: consigli per una vita non addomesticata secondo H. D. Thoreau*, Sonda, Casale Monferrato (AL) 2015.

[11] «Quel che accadde dopo è confuso», cfr. R. Bolaño, *I detective selvaggi*, Sellerio, Palermo 2009, p. 15.

[12] Ringrazio Vincenzo Santarcangelo per avermi segnalato questa meravigliosa frase di Artaud.

I brani citati nel testo sono tratti dalle seguenti edizioni:

R. Bolaño, *Notturno cileno*, Adephi, Milano 2016. L. Wittgenstein, *Osservazioni filosofiche*, Einaudi, Torino 1999. L. Wittgenstein, *Tractatus logico-philosophicus*, Einaudi, Torino 1964. Oliver Sacks, *In movimento*, Adelphi, Milano 2015. Paul Valéry, *Varietà*, SE, Milano 2007. Chuang Tzu, *Zhuangzi*, Urra, Milano 2012. Spinoza, *Opere. Trattato sull'emendazione dell'intelletto*, Mondadori, Milano 2007. L. Wittgenstein, *Note sul "Ramo d'oro" di Frazer*, Adelphi, Milano 1975.

Ringraziamenti.

Le cose importanti succedono per caso, e il caso va assecondato. Nella prima parte del 2016, tra febbraio e marzo, il Circolo dei Lettori di Torino mi ha invitato a tenere cinque lezioni di filosofia aperte al pubblico, un pubblico generico e «non filosofico». Nulla di piú difficile. Cinque lezioni sui fondamenti della filosofia che dovevano dar conto di una filosofia aperta al mondo comune. Il progetto di scriverle, e di pubblicarle, è seguito alla proposta di Ivano Pierantozzi, che mi ha stimolato a rendere il tutto ancora piú ambizioso e complesso. Naturalmente senza Maria Teresa Polidoro nulla di tutto ciò sarebbe stato possibile.

La nostra epoca, e il mercato editoriale che ne è lo specchio, è caratterizzata da una grande passione nei confronti della divulgazione scientifica, ma della filosofia, come se il suo tempo si fosse concluso, nessuno vuole sentir parlare. Nelle lezioni che ho tenuto al Circolo, per cui invece devo ringraziare Francesca Vittani, ho ammesso una grande colpa dei filosofi occidentali contemporanei: da un lato diamo molto, forse troppo, per scontato, mentre dall'altro abbiamo perso la voglia di ragionare sulla struttura piú profonda delle diverse ramificazioni che la ricerca filosofica ha assunto.

Vorrei ringraziare tutti coloro che hanno seguito il corso al Circolo dei Lettori perché questo libro è stato scritto anche a partire dalle loro domande, obiezioni, perplessità. La filosofia, come mi ha insegnato Maurizio Ferraris, che anche in questo caso devo ringraziare, è sempre un lavoro comune e collettivo. Come non esistono linguaggi privati, allo stesso modo sono impossibili filosofie non pubbliche.

Voglio ringraziare anche Valentina Sonzogni, che ha letto e riletto con pazienza la prima versione di questo lavoro. Come lei, mi è stata altrettanto di aiuto Marianna Vecellio, soprattutto per le osservazioni sulla seconda lezione. Infine grazie ad Amalia, Maria, Pepe e Salvo: sono il mondo in cui devo imparare a stare.

La filosofia abitua al confronto, al negoziato concettuale e all'argomentazione, e forse è in questo senso che impariamo per suo tramite a «stare al mondo». Per ogni disciplina filosofica analizzata in questo libro ho operato delle scelte. La filosofia dal punto di vista di Dio, purtroppo, non esiste, ed è sempre la filosofia di un filosofo quella che andiamo a scoprire. Chiedo scusa preventivamente se qualche filosofo in ascolto sentirà l'esigenza di puntualizzare che le lezioni sono parziali. Ancora una volta, risponderei con le parole di Wittgenstein: «un'immagine vera a priori non v'è»[1].

Questo libro è dedicato alla memoria di Antonio Palumbo: «forza Napoli, nonno, la vita è solo un gioco».

[1] L. Wittgenstein, *Tractatus*, 2.225.

Indice

Stampato per conto della Casa editrice Einaudi
presso ELCOGRAF S.p.A. - Stabilimento di Cles (Tn)

C.L. 23129

Edizione	Anno
3 4 5 6 7	2017 2018 2019